数学导学基础模块 ◆下册

主 编 刘增保 王艳妙

北京理工大学出版社
BEIJING INSTITUTE OF TECHNOLOGY PRESS

版权专有　侵权必究

图书在版编目（CIP）数据

数学导学基础模块．下册/刘增保，王艳妙主编．— 北京：北京理工大学出版社，2022.6 重印
　ISBN 978-7-5682-6298-9

Ⅰ．①数… Ⅱ．①刘…②王… Ⅲ．①数学课－中等专业学校－升学参考资料 Ⅳ．① G634.603

中国版本图书馆 CIP 数据核字（2018）第 206047 号

出版发行/北京理工大学出版社有限责任公司
社　　址/北京市海淀区中关村南大街 5 号
邮　　编/100081
电　　话/（010）68914775（总编室）
　　　　　（010）82562903（教材售后服务热线）
　　　　　（010）68944723（其他图书服务热线）
网　　址/http：//www.bitpress.com.cn
经　　销/全国各地新华书店
印　　刷/定州市新华印刷有限公司
开　　本/787 毫米 ×1092 毫米　1/16
印　　张/10
字　　数/202 千字
版　　次/2022 年 6 月第 1 版第 4 次印刷
定　　价/30.00 元

责任编辑/杜春英
文案编辑/孟祥雪
责任校对/周瑞红
责任印制/边心超

中等职业教育创优导航文化素养提升系列丛书

编写委员会

主　任　　张志增

委　员　　（按首字汉字笔画排序）

　　　　　于春红　韦玉海　陈宝忠

　　　　　张秀魁　张剑锋　张健智

　　　　　郝玉华　郭建成　黄书林

本书编写组

主　编　　刘增保　王艳妙

副主编　　刘丽贤　白永伟　王海水

参　编　　李素锋　沈素红　南　峰　冯梅玉

　　本书是为了帮助学生轻松高效地学好中等职业教育课程改革国家规划新教材《数学》(基础模块)(上册)而开发的学习指导用书.全书紧扣新教材和新教学大纲,突出了职教特色,比较全面、详细地讲解了教材中所有的知识点,突出了重点,突破了难点.本书例题、习题难易适中,可操作性强,材料新颖、注重原创;讲解精当、注重启发,力求方法的讲解与技能的训练、能力的提升逐步到位.它既可作为学生的学习指导书,又可作为教师的教学参考书,还可作为学生参加普通高等学校对口招生考试的复习用书.

　　本书按照中等职业教育课程改革国家规划新教材《数学》(基础模块)(上册)的章节顺序编写,每节均由以下几个部分构成：

　　第一部分,学习目标导航,全面呈现了本节教材的主要学习内容和认知要求,让学生明白本节的学习要求以及努力学习的方向和应达到的程度,便于学生做学习过程中的自我评价.

　　第二部分,知识要点梳理,对本节知识做了比较系统的归纳和总结,对教材中的重点、难点和疑点做了恰当的解析,使之各个被击破,以扫清学生学习中的障碍,进而提高学习效率.

　　第三部分,典型例题剖析,根据教材内容、学习目标和学生的认知水平,结合相关例题分类剖析了本节教学内容所涵盖的重点题型,帮助学生启发思维,打开解题思路,培养科学的思维方法和推理能力以及运用所学知识解决问题的能力,进而掌握重点,突破难点.

　　第四部分,课堂小测试,让学生在练中学,在练中悟,在练中举一反三,触类旁通,积累解题经验,提高解题能力.

本书配有单元检测试卷和期中、期末检测试卷,方便师生使用.书末提供了第四部分中课堂小测试题和单元检测试卷与期中、期末检测试卷的答案或解析,便于学生自学,以引领学生形成良好的学习习惯.

全书注重知识的迁移和能力的培养,坚持"低起点、高品位"的统一,是学生学好数学不可或缺的一本参考书.

本书在编写过程中,得到了广大同人和编者所在单位的支持,在此表示感谢.

虽然我们抱着严谨务实的态度,力求完美,但水平有限,书中难免存在不足和疏漏之处,敬请各位读者批评指正.如有赐教,请发电子邮件至291589120@qq.com.

编　者

第5章 指数函数与对数函数 …………………………… 1
  5.1 实数指数幂 ……………………………………… 1
    5.1.1 分数指数幂 ………………………………… 1
    5.1.2 实数指数幂及其运算法则 ………………… 4
    5.1.3 幂函数举例 ………………………………… 8
  5.2 指数函数 ………………………………………… 10
    5.2.1 指数函数及其图像与性质 ………………… 11
    5.2.2 指数函数的应用举例 ……………………… 15
  5.3 对数 ……………………………………………… 17
    5.3.1 对数的概念 ………………………………… 18
    5.3.2 积、商、幂的对数 ………………………… 20
  5.4 对数函数 ………………………………………… 24
    5.4.1 对数函数及其图像与性质 ………………… 24
    5.4.2 对数函数的应用举例 ……………………… 30
  第5章检测试题 ……………………………………… 32

第6章 直线与圆的方程 …………………………………… 38
  6.1 两点间距离公式与线段的中点坐标公式 ……… 38
  6.2 直线的方程 ……………………………………… 41
    第1课时 直线的倾斜角与斜率 ………………… 42
    第2课时 直线的一般式方程 …………………… 46

6.3 两条直线的位置关系	50
第1课时 两条直线平行	51
第2课时 两条直线相交	54
6.4 圆	58
第1课时 圆的标准方程	58
第2课时 直线与圆的位置关系	62
6.6 直线与圆的方程应用举例	66
第6章检测试题	72
第7章 简单几何体	76
7.1 多面体	76
7.1.1 棱柱	77
7.1.2 直观图的画法	80
7.1.3 棱锥	83
7.2 旋转体	84
7.2.1 圆柱	85
7.2.2 圆锥	88
7.2.3 球	90
7.3 简单几何体的三视图	93
第8章 概率与统计初步	100
8.1 随机事件	100
8.1.1 随机事件的概率	100
8.1.2 频率与概率	104
8.2 古典概型	109
8.3 概率的简单性质	115
8.4 抽样方法	118
8.4.1 简单随机抽样	118
8.4.2 系统抽样	122
8.4.3 分层抽样	126
8.5 统计图表	130
8.6 样本的均值和标准差	138
期中检测题	143
期末检测题	147

第 5 章　指数函数与对数函数

知识构架

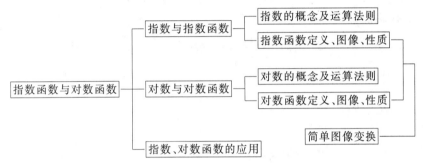

5.1　实数指数幂

学习目标导航

1. 理解 n 次方根的意义,会进行简单的求 n 次方根的运算.
2. 理解分数指数幂的概念,会进行根式和分数指数幂的互化.
3. 掌握有理指数幂的运算法则,会进行有理指数幂的运算.
4. 了解幂函数的定义,会求幂函数的定义域,了解几个常见幂函数的图像及性质.

5.1.1　分数指数幂

知识要点梳理

一、n 次根式

1.定义:一般地,如果 $x^n = a(n \in \mathbf{N}^* 且 n > 1)$,那么 x 叫作 a 的 n 次方根.

当 n 为偶数时,正数 a 的 n 次方根有两个,记作 $\pm\sqrt[n]{a}$,它们互为相反数,负数的 n 次方根没有意义.

当 n 为奇数时,实数 a 的 n 次方根只有一个,记作 $\sqrt[n]{a}$,且当 $a>0$ 时,$\sqrt[n]{a}>0$;当 $a<0$ 时,$\sqrt[n]{a}<0$.

零的 n 次方根是零,即 $\sqrt[n]{0}=0$.

2.性质:

(1)当 $\sqrt[n]{a}$ 有意义时,$(\sqrt[n]{a})^n=a$;

(2)当 n 为奇数时 $\sqrt[n]{a^n}=a$,当 n 为偶数时 $\sqrt[n]{a^n}=|a|=\begin{cases} a, & a\geqslant 0 \\ -a, & a<0 \end{cases}$.

二、分数指数幂

设 $m,n\in \mathbf{N}^*$,$n>1$,且 m,n 不可约,规定:

(1)正分数指数幂　$a^{\frac{m}{n}}=\sqrt[n]{a^m}$;

(2)负分数指数幂　$a^{-\frac{m}{n}}=\dfrac{1}{a^{\frac{m}{n}}}=\dfrac{1}{\sqrt[n]{a^m}}(a\neq 0)$.

说明:对于 $\sqrt[n]{a^m}$,n 为偶数时 $a\geqslant 0$,n 为奇数时 $a\in \mathbf{R}$.

三、用计算器进行幂的计算

1.利用计算器进行幂的计算时,要注意各种运算的先后顺序,不同类型的计算器对于相同的运算而言其按键操作的顺序一般不同,使用时要仔细阅读有关使用说明.

2.有效数字是指一个数从左边第一个不是零的数字起向右的所有数字.例如,0.308 有 3 个有效数字,2.08×10^5 有 3 个有效数字.

典型例题剖析

例1 将下列各分数指数幂化为根式的形式,根式化为分数指数幂的形式:

(1)$3^{\frac{2}{3}}$;　(2)$a^{-\frac{3}{7}}$;　(3)$\sqrt[4]{x^3}$;　(4)$\dfrac{1}{\sqrt{5}}$.

解析　(1)$3^{\frac{2}{3}}=\sqrt[3]{3^2}=\sqrt[3]{9}$;　(2)$a^{-\frac{3}{7}}=\dfrac{1}{\sqrt[7]{a^3}}$;

(3)$\sqrt[4]{x^3}=x^{\frac{3}{4}}$;　(4)$\dfrac{1}{\sqrt{5}}=\dfrac{1}{5^{\frac{1}{2}}}=5^{-\frac{1}{2}}$.

例2 下列各式中正确的是(　　).

A.$\sqrt[3]{x^3}=|x|$ 　　　　　　　　B.$\sqrt[4]{(-2)^4}=-2$

C.$\sqrt[5]{(-3)^5}=-3$ 　　　　　　　D.$\sqrt[6]{(-2)^2}=\sqrt[3]{-2}$

解析 当 n 为奇数时 $\sqrt[n]{a^n}=a$，当 n 为偶数时 $\sqrt[n]{a^n}=|a|$，对于公式 $a^{\frac{m}{n}}=\sqrt[n]{a^m}$，当 m,n 可约分时，要保证等号两边的式子符号相同，所以 $\sqrt[6]{(-2)^2}=\sqrt[6]{2^2}$，故选 C.

课堂小测试

一、选择题

1. $(a^2 \cdot a^3)^2 = (\quad)$.

   A. a^{12}　　B. a^{10}　　C. a^8　　D. a^7

2. 下列各式无意义的是（　）.

   A. $\sqrt[3]{-5}$　　B. $\sqrt[4]{-1}$　　C. $\sqrt{0}$　　D. $\left(\dfrac{1}{3}\right)^{\frac{1}{3}}$

3. $27^{-\frac{1}{3}} = (\quad)$.

   A. -3　　B. 3　　C. $\dfrac{1}{3}$　　D. $-\dfrac{1}{27^3}$

4. $\sqrt[3]{(-2)^3} = (\quad)$.

   A. -2　　B. 2　　C. 2 或 -2　　D. 4

5. 下列各式恒成立的是（　）.

   A. $a^0 = 1$　　B. $\sqrt{a^2} = a$　　C. $\sqrt[3]{a^3} = a$　　D. $a^{-n} = a^{\frac{1}{n}}$

6. $(0.01)^{-\frac{3}{2}} = (\quad)$.

   A. 10　　B. 100　　C. $1\,000$　　D. $-1\,000$

二、填空题

7. 9 的 4 次方根可以表示为_____.

8. 将 $a^{-\frac{4}{5}}$ 写成根式形式为_____.

9. $\sqrt{\dfrac{3}{2}}$ 写成分数指数幂为_____.

10. $(\sqrt[3]{5}-1)^0 = $_____.

11. 计算 $\sqrt{(2-\sqrt{5})^2}$ 的结果是_____.

12. 使 $x^{-\frac{3}{4}}$ 有意义的 x 的取值范围是_____.

三、解答题

13. 计算：(1) $4^{\frac{1}{2}}$；(2) $-81^{\frac{1}{4}}$；(3) $(-1\,000)^{\frac{2}{3}}$；(4) $2^{-2}\times 3^{-3}\times 27^{\frac{1}{3}}$.

14. 已知 $1<x<2$，化简：$\sqrt[3]{(x-1)^3}+\sqrt[4]{(x-2)^4}$.

15. 利用计算器进行实数指数幂的计算（保留四位有效数字）：

   (1) $\dfrac{1}{\sqrt[4]{0.36^3}}$；　　(2) $4^{\sqrt{3}}\times 6^{-\sqrt{2}}$；　　(3) $(2.4^{-2}\times 3.9^{-3})^{-\frac{3}{4}}$.

5.1.2　实数指数幂及其运算法则

知识要点梳理

实数指数幂的运算法则：

设 p、$q\in \mathbf{R}$，且 $a>0, b>0$，则

(1) $a^p\cdot a^q=a^{p+q}$；

(2) $(a^p)^q=a^{pq}$；

(3) $(ab)^p=a^p\cdot b^q$.

说明：作为运算结果，一般不能同时含有根号和分数指数幂.

典型例题剖析

例1 计算:$(1)\left(\dfrac{1}{8}\right)^{\frac{1}{3}}$;$(2)16^{-\frac{3}{2}}$;$(3)0.01^{-2}$;$(4)81^{\frac{3}{4}}+\left(\dfrac{4}{9}\right)^{-\frac{1}{2}}+\sqrt{3}^0+0.125^{-\frac{1}{3}}$.

解析 $(1)\left(\dfrac{1}{8}\right)^{\frac{1}{3}}=\left[\left(\dfrac{1}{2}\right)^3\right]^{\frac{1}{3}}=\left(\dfrac{1}{2}\right)^{3\times\frac{1}{3}}=\dfrac{1}{2}$.

$(2)16^{-\frac{3}{2}}=(4^2)^{-\frac{3}{2}}=4^{-3}=\dfrac{1}{4^3}=\dfrac{1}{64}$.

$(3)0.01^{-2}=(10^{-2})^{-2}=10^4=10\ 000$.

$(4)81^{\frac{3}{4}}+\left(\dfrac{4}{9}\right)^{\frac{1}{2}}+\sqrt{3}^0+0.125^{-\frac{1}{3}}=(3^4)^{\frac{3}{4}}+\left[\left(\dfrac{2}{3}\right)^2\right]^{-\frac{1}{2}}+1+[(0.5)^3]^{-\frac{1}{3}}=3^3+\left(\dfrac{2}{3}\right)^{-1}+1+(0.5)^{-1}=27+\dfrac{3}{2}+1+2=\dfrac{63}{2}$.

例2 化简:$(1)(3x^{\frac{1}{2}}y^{-\frac{1}{3}})\cdot(4x^{-\frac{1}{2}}y^{\frac{2}{3}})$;

$(2)\dfrac{\sqrt{a}\sqrt[4]{a^3}}{\sqrt[3]{a}\sqrt[6]{a^5}\sqrt[12]{a}}$(其中$a>0$).

解析 $(1)(3x^{\frac{1}{2}}y^{-\frac{1}{3}})\cdot(4x^{-\frac{1}{2}}y^{\frac{2}{3}})=3\times 4\cdot x^{\frac{1}{2}+\left(-\frac{1}{2}\right)}\cdot y^{-\frac{1}{3}+\frac{2}{3}}=12y^{\frac{1}{3}}$.

$(2)\dfrac{\sqrt{a}\sqrt[4]{a^3}}{\sqrt[3]{a}\sqrt[6]{a^5}\sqrt[12]{a}}=\dfrac{a^{\frac{1}{2}}\cdot a^{\frac{3}{4}}}{a^{\frac{1}{3}}\cdot a^{\frac{5}{6}}\cdot a^{\frac{1}{12}}}=a^{\frac{1}{2}+\frac{3}{4}-\left(\frac{1}{3}+\frac{5}{6}+\frac{1}{12}\right)}=a^0=1$.

课堂小测试

一、选择题

1.$(0.01)^{-\frac{3}{4}}=(\quad)$.

　　A.100　　　　B.$\sqrt[3]{100}$　　　　C.$10\sqrt{10}$　　　　D.$-\sqrt{0.001}$

2.$x^{\frac{2}{3}}\cdot x^{-\frac{2}{3}}(x\neq 0)$的值是$(\quad)$.

　　A.$x^{-\frac{4}{9}}$　　　B.1　　　　C.0　　　　D.x

3.$a^{\frac{1}{3}}\cdot a^2\cdot\sqrt[3]{a}$的化简结果是$(\quad)$.

　　A.a^2　　　　B.a^3　　　　C.$a^{\frac{5}{3}}$　　　D.$a^{\frac{8}{3}}$

4.$\left(\dfrac{1}{32}\right)^{\frac{1}{5}}\cdot\left(\dfrac{16}{81}\right)^{-\frac{3}{4}}=(\quad)$.

　　A.$\dfrac{4}{27}$　　　B.$-\dfrac{4}{27}$　　　C.$\dfrac{27}{16}$　　　D.$-\dfrac{27}{16}$

5. $\sqrt[3]{-2\sqrt{2}}$ 可以化为( ).

　　A. $-2^{\frac{1}{2}}$　　　　B. $-2^{-\frac{1}{2}}$　　　　C. $-2^{\frac{1}{3}}$　　　　D. $-2^{\frac{2}{3}}$

6. $2^{x-1}=a$，$2^{y+2}=b$，则 $2^{x+y}=$( ).

　　A. $\dfrac{1}{2}ab$　　　　B. $2ab$　　　　C. ab　　　　D. $a+b$

7. $\sqrt{5-2\sqrt{6}}$ 的计算结果是( ).

　　A. $\sqrt{3}+\sqrt{2}$　　　　B. $\sqrt{3}-\sqrt{2}$　　　　C. $\sqrt{2}-\sqrt{3}$　　　　D. $\sqrt{2}-\sqrt{3}$ 或 $\sqrt{3}-\sqrt{2}$

二、填空题

8. $a^{\frac{1}{3}} \cdot a^{\frac{5}{6}} \div a^{\frac{1}{2}} = $ _____ .

9. $[(-\sqrt{5})^2]^{-\frac{1}{2}} \times 5^{\frac{1}{2}} = $ _____ .

10. $\sqrt[3]{3} \times \sqrt[4]{3} \times \sqrt[6]{27} = $ _____ .

11. $a^3 \cdot \sqrt[3]{a^2} = $ _____ ，$\sqrt{a\sqrt{a}} = $ _____ .

12. $81^{\frac{1}{4}} + \left(\dfrac{4}{9}\right)^{-\frac{3}{2}} + (\pi-3.14)^0 + 3(\sqrt[3]{-8})^{-3} = $ _____ .

三、解答题

13. 计算下列各式的值：

　　(1) $\dfrac{\sqrt{3} \times \sqrt[3]{6}}{\sqrt[3]{9} \times \sqrt[3]{2}}$；

　　(2) $\left(\dfrac{7}{3}\right)^{\frac{1}{2}} \times \left(\dfrac{8}{7}\right)^{\frac{1}{3}} \times \left(\dfrac{9}{16}\right)^{\frac{1}{4}}$.

14. 化简下列各式(式中字母都是正数)：

(1) $a^{\frac{1}{2}} \cdot a^{-\frac{5}{8}} \cdot a^{\frac{1}{4}} \cdot a^0$;

(2) $(a^2 b)^{\frac{3}{2}} \cdot (ab^3)^{-1} \div (ab)^{-\frac{1}{2}}$;

(3) $\dfrac{x\sqrt{x}}{\sqrt[3]{x}}$;

(4) $\dfrac{(\sqrt{ab} \cdot a) \cdot \sqrt[3]{ab^2}}{\sqrt[3]{a^2 b}}$.

15. 若 $(x-5)^0 + (x-4)^{\frac{1}{4}}$ 有意义，求 x 的取值范围.

16. 已知 $a + a^{-1} = 3$，求值：

(1) $a^2 + a^{-2}$;

(2) $a^{\frac{1}{2}} + a^{-\frac{1}{2}}$.

5.1.3 幂函数举例

知识要点梳理

一、幂函数的定义

一般地,形如 $y = x^{\alpha}(\alpha \in \mathbf{R})$ 的函数叫作幂函数,其中 x 是自变量,α 是常数.

二、幂函数的性质

随着指数 α 的取值不同,幂函数的定义域、单调性和奇偶性会发生变化.

(1) 当 α 为奇数时,幂函数为奇函数;当 α 为偶数时,幂函数为偶函数.

(2) 当 $\alpha > 0$ 时,函数图像经过原点 $(0,0)$ 和点 $(1,1)$,在 $(0, +\infty)$ 内是增函数;

(3) 当 $\alpha < 0$ 时,函数图像不经过原点 $(0,0)$,但过点 $(1,1)$,在 $(0, +\infty)$ 内是减函数.

三、常见幂函数的图像和性质(见表 5.1.1)

表 5.1.1

项目		$y=x$	$y=x^2$	$y=x^3$	$y=x^{\frac{1}{2}}$	$y=x^{-1}$
图像						
性质	定义域	$\mathbf{R}$	$\mathbf{R}$	$\mathbf{R}$	$[0,+\infty)$	$(-\infty,0) \cup (0,+\infty)$
	值域	$\mathbf{R}$	$[0,+\infty)$	$\mathbf{R}$	$[0,+\infty)$	$(-\infty,0) \cup (0,+\infty)$
	奇偶性	奇函数	偶函数	奇函数	非奇非偶函数	奇函数
	定点	$(0,0),(1,1)$	$(0,0),(1,1)$	$(0,0),(1,1)$	$(0,0),(1,1)$	$(1,1)$
	单调性	增函数	$[0,+\infty)$增函数 $(-\infty,0]$减函数	增函数	增函数	$(0,+\infty)$减函数 $(-\infty,0)$减函数

典型例题剖析

例1 $y = x^{-\frac{3}{4}}$ 的定义域是_____.

解析 求幂函数的定义域,要将幂的形式化为根式或分式的形式再求解.

$y=x^{-\frac{3}{4}}=\dfrac{1}{\sqrt[4]{x^3}}$,此函数有意义当且仅当 $x^3>0$,故定义域为 $(0,+\infty)$.

例 2 $y=x^{\frac{3}{5}}$ 在区间 $(-1,1)$ 内是_____.

A.增函数且是奇函数　　　　　　　B.增函数且是偶函数

C.减函数且是奇函数　　　　　　　D.减函数且是偶函数

解析　函数 $y=x^{\frac{3}{5}}$ 是定义域为 **R** 的奇函数,且在 $(0,+\infty)$ 内是增函数,所以它在 $(-\infty,0)$ 内也是增函数,故它在 $(-1,1)$ 内是增函数且是奇函数,应选 A.

课堂小测试

一、选择题

1.函数 $f(x)=x^{\frac{3}{2}}$ 图像一定过点(　　).

　A.(0,0)　　　　B.(1,1)　　　　C.(1,0)和(0,1)　　D.(0,0)和(1,1)

2.下列各函数中,不是幂函数的是(　　).

　A.$y=x^2-x$　　B.$y=\dfrac{1}{x}$　　C.$y=x$　　D.$y=x^{-3}$

3.函数 $y=x^{-\frac{2}{3}}$ 是(　　).

　A.奇函数　　　B.偶函数　　　C.非奇非偶函数　　D.以上都不是

4.函数 $y=x^\alpha+1(\alpha\in\mathbf{R})$ 的图像恒过点(　　).

　A.(0,0)　　　B.(0,1)　　　C.(1,1)　　　D.(1,2)

5.下列函数中,定义域为 $(-\infty,0)\cup(0,+\infty)$ 的是(　　).

　A.$y=x^{\frac{1}{2}}$　　B.$y=x^{-\frac{1}{2}}$　　C.$y=x^{-3}$　　D.$y=x^2$

6.下列函数中,在第一象限是减函数的是(　　).

　A.$y=x^{\frac{1}{2}}$　　B.$y=x^{\frac{2}{3}}$　　C.$y=x^4$　　D.$y=x^{-3}$

二、填空题

7.函数 $y=x^{\frac{1}{2}}$ 的定义域是_____,且在第一象限是_____函数(填单调性).

8.函数 $y=x^{-\frac{1}{3}}$ 的定义域是_____且是_____函数(填奇偶性).

9.幂函数 $y=x^\alpha(\alpha\in\mathbf{R})$ 的图像不可能出现在第_____象限.

10.幂函数 $y=f(x)$ 的图像经过点 $\left(3,\dfrac{1}{9}\right)$,则 $f(25)=$_____.

11.函数 $y=x^3-5$ 的图像必不过第_____象限.

12.$0.2^{0.3}$ 与 $0.3^{0.3}$ 的大小关系是_____.

13.已知 $(x+1)^3 = y^{\frac{3}{2}}$,则 y 的最小值是_____.

三、解答题

14.求下列函数的定义域:

(1) $y = x^{-\frac{2}{5}}$;   (2) $y = (x+2)^{-4} + x^0$;   (3) $y = \dfrac{(x+1)^{\frac{1}{2}}}{(x-1)^{\frac{1}{3}}}$.

15.已知幂函数 $y = f(x)$ 的图像过点 $\left(8, \dfrac{1}{4}\right)$,求函数 $f(x)$ 的解析式,并判断此函数的奇偶性.

5.2 指数函数

学习目标导航

1.知道指数函数的概念,掌握指数函数的图像和性质.

2.能利用所知求一些复合函数的定义域和值域并判断奇偶性.

3.会比较两个幂值的大小,会利用指数函数的单调性解一些指数方程和不等式.

4.了解指数函数的应用.

5.2.1 指数函数及其图像与性质

知识要点梳理

一、指数函数的定义

一般地,形如 $y=a^x(a>0$ 且 $a\neq 1)$ 的函数叫作指数函数,其中 x 是自变量,底数 a 为常数.

说明:指数函数与幂函数不同,幂函数 $y=x^\alpha$ 中 α 是一个常数,变量 x 位于底的位置,而指数函数 $y=a^x$ 中底是一个常数,变量 x 位于指数的位置.

二、指数函数的图像和性质(见表 5.2.1)

表 **5.2.1**

项目	$a>1$	$0<a<1$
图像	 $y=a^x$ ($a>1$), $y=1$, $(0,1)$ 	 $y=a^x$ ($0<a<1$), $y=1$, $(0,1)$
性质	定义域 **R**,值域 $(0,+\infty)$	
	过点 $(0,1)$,即 $x=0$ 时,$y=1$	
	当 $x>0$ 时,$y>1$	当 $x>0$ 时,$0<y<1$
	当 $x<0$ 时,$0<y<1$	当 $x<0$ 时,$y>1$
	在 **R** 上是增函数	在 **R** 上是减函数
	既非奇函数又非偶函数	

典型例题剖析

例 1 求下列函数的定义域:

(1) $y=3^{\frac{1}{2x-1}}$;(2) $y=\sqrt{1-3^x}$.

解析 (1)要使函数解析式有意义,必须使 $2x-1\neq 0$,即 $x\neq \dfrac{1}{2}$,所以函数的定义域为 $\left(-\infty,\dfrac{1}{2}\right)\cup\left(\dfrac{1}{2},+\infty\right)$.

(2)要使函数解析式有意义,必须使$1-3^x \geq 0$,即$3^x \leq 1$,所以$3^x \leq 3^0$,因为$y=3^x$在**R**上是增函数,所以$x \leq 0$,故函数的定义域为$(-\infty, 0]$.

例2 比较下列各组值的大小:

(1)$0.3^{0.2}$与$0.3^{0.3}$;(2)$4.2^{-\frac{1}{3}}$与$4.2^{-\frac{2}{5}}$;(3)$0.5^{1.2}$与$1.2^{0.5}$.

解析 (1)考虑函数$y=0.3^x$,因为$0<0.3<1$,所以$y=0.3^x$在**R**上是减函数且$0.2<0.3$,所以$0.3^{0.2}>0.3^{0.3}$.

(2)考虑函数$y=4.2^x$在**R**上是增函数且$-\frac{1}{3} > -\frac{2}{5}$,所以$4.2^{-\frac{1}{3}} > 4.2^{-\frac{2}{5}}$.

(3)找中介值"1",指数函数$y=0.5^x$在**R**上是减函数且$1.2>0$,所以$0.5^{1.2}<1$,指数函数$y=1.2^x$是增函数且$0.5>0$,所以$1.2^{0.5}>1$,故$0.5^{1.2}<1.2^{0.5}$.

例3 求函数$y=\left(\dfrac{1}{3}\right)^{2x-x^2}$的值域.

解析 令$t=2x-x^2=-(x-1)^2+1$,则有$y=\left(\dfrac{1}{3}\right)^{2x-x^2}=\left(\dfrac{1}{3}\right)^t$,其中$t \leq 1$,因为函数$y=\left(\dfrac{1}{3}\right)^x$在**R**上为减函数,所以$y=\left(\dfrac{1}{3}\right)^t \geq \dfrac{1}{3}$,即函数的值域为$\left[\dfrac{1}{3}, +\infty\right)$.

课堂小测试

一、选择题

1.下列各函数中为指数函数的是( ).

 A.$y=x^2$　　　　B.$y=2^x$　　　　C.$y=-4^x$　　　　D.$y=x^a$

2.若$3^x>1$,则下面正确的是( ).

 A.$x>0$　　　　B.$x=0$　　　　C.$x<0$　　　　D.$x>1$

3.指数函数$y=0.5^x$( ).

 A.在区间$(-\infty, +\infty)$内是增函数　　　B.在区间$(-\infty, +\infty)$内是减函数

 C.在区间$(-\infty, 0)$内是增函数　　　　D.在区间$(0, +\infty)$内是增函数

4.若指数函数的图像过点$\left(\dfrac{2}{3}, 4\right)$,则其解析式是( ).

 A.$y=4^x$　　　　B.$y=\left(\dfrac{1}{4}\right)^x$　　　　C.$y=8^x$　　　　D.$y=\left(\dfrac{1}{8}\right)^x$

5.已知指数函数$y=\left(\dfrac{2}{3}\right)^x$,当$x \in (0,1)$时,$f(x)$的值域是( ).

A.$(0,1)$　　　　B.$\left(0,\dfrac{2}{3}\right)$　　　　C.$\left(\dfrac{2}{3},1\right)$　　　　D.$(1,+\infty)$

6.在同一直角坐标系中,函数 $y=x+a$ 与函数 $y=a^x$ 的图像可能是(　　).

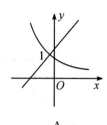 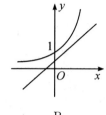 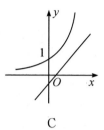 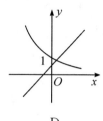

　　A　　　　　　　　B　　　　　　　　C　　　　　　　　D

7.已知 $3<\left(\dfrac{1}{3}\right)^x<27$,则下列不等式成立的是(　　).

A.$-3<x<-1$　　　　　　　　B.$-1<x<3$

C.$x>3$ 或 $x<-1$　　　　　　D.$1<x<3$

8.函数 $f(x)=\left(\dfrac{1}{2}\right)^{|x|}$ 的图像是(　　).

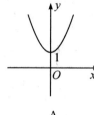 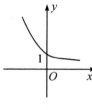 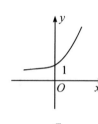 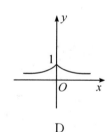

　　A　　　　　　　　B　　　　　　　　C　　　　　　　　D

二、填空题

9.0.2^{-8} _____ 0.2^8,$\pi^{0.1}$ _____ $\pi^{0.2}$.(用"<"或">"填空)

10.设函数 $f(x)=3^x-2$,则 $f(4)=$ _____.

11.设 $0.3^{3x+1}>1$,则 x 的取值范围是 _____.

12.函数 $y=a^{x+1}-2$ 的图像恒过点 _____.

13.若函数 $y=a^x$ 在区间 $[0,1]$ 上的最大值与最小值的和为3,则 $a=$ _____.

14.函数 $y=3^{\frac{1}{x-2}}$ 的定义域是 _____,值域是 _____.

15.$\left|\left(\dfrac{1}{3}\right)^x-3\right|<6$ 的解集是 _____.

16.函数 $f(x)=\left(\dfrac{1}{2}\right)^{x^2-3x}$ 的单调递增区间是 _____.

三、解答题

17. 解下列方程:

(1) $2^{x-3} = \left(\dfrac{1}{2}\right)^{x^2+1}$;

(2) $\left(\dfrac{2}{3}\right)^x \cdot \left(\dfrac{9}{8}\right)^x = \dfrac{27}{64}$;

(3) $9^x + 3^{x+1} - 18 = 0$;

(4) $4^{x+2} - 2^x = 15$.

18. 求下列函数的定义域:

(1) $y = \dfrac{\sqrt{1-3^x}}{4-x}$;

(2) $y = \dfrac{1}{\sqrt{1-\left(\dfrac{1}{2}\right)^x}}$.

19. 函数 $f(x) = \dfrac{1}{2^x - 1} + a$ 是奇函数，求 a 的值.

20. 已知 $\left(\dfrac{1}{2}\right)^{x^2 - 2x - 15} > 2^{-x - 13}$，求适合此条件的实数 x 的全体.

5.2.2　指数函数的应用举例

知识要点梳理

一、指数函数的实际应用范畴

指数函数在自然科学和经济生活中都有着广泛的应用，生活、生产中许多问题都需要利用指数函数知识解决，如复利、折旧、人口增长问题等.

二、指数模型

函数解析式形如 $y = c \cdot a^x$ 的函数模型，其中 $c > 0$ 为常数，底数 $a > 0$ 且 $a \neq 1$ 叫作指数模型.当 $a > 1$ 时，叫作指数增长模型；当 $0 < a < 1$ 时，叫作指数衰减模型.

典型例题剖析

例　假设 2012 年某市国民生产总值为 a 亿元，如果每年比上一年平均增长 8%，则 5 年后该市国民生产总值是 2012 年的多少倍（精确到 0.01）？

解析　(1) 设 2012 年后的第 x 年的国民生产总值为 y 亿元，则

第 1 年，　　　$y = a \cdot (1 + 8\%) = 1.08a$，

第 2 年, $\quad y=1.08a\cdot(1+8\%)=1.08^2a$,

第 3 年, $\quad y=1.08^2a\cdot(1+8\%)=1.08^3a$,

……

由此得到,第 x 年的国民生产总值为

$$y=1.08^x a\,(x\in \mathbf{N}^*).$$

当 $x=5$ 时,得到该市国民生产总值为

$$y=1.08^5 a\approx 1.47a.$$

答:该市 5 年后国民生产总值约是 2012 年的 1.47 倍.

课堂小测试

一、选择题

1. 下列各函数模型中,属于指数增长模型的是( ).

   A. $y=0.5\times 1.02^x$ B. $y=0.5\times 0.98^x$

   C. $y=2.3\times 0.25^x$ D. $y=3\times \left(\dfrac{2}{3}\right)^x$

2. 某热销商品 2015 年提价 25%,现预恢复为原价,则应降价( ).

   A. 30%   B. 25%   C. 20%   D. 15%

3. 某市 2010 年的地税收入为 2 000 万元,如果年自然增长率为 2.5%,则 x 年后该市的地税收入将是( ).

   A. $y=2\,000\times 0.025^x$ B. $y=2\,000\times 1.025^x$

   C. $y=2\,000\times 0.75^x$ D. $y=2\,000\times 1.25^x$

4. 一批设备价值 300 万元,由于使用磨损,每年比上一年价值降低 8%,则 x 年后,这批设备价值为( ).

   A. $y=300(1-8\%)\cdot x$ B. $y=300(1-x\cdot 8\%)$

   C. $y=300[1-(8\%)^x]$ D. $y=300(1-8\%)^x$

二、填空题

5. 按复利计算利息的一种储蓄,本金为 a 元,每年利率为 r,存期为 x 年,则本利和 y 随存期 x 变化的函数关系式为_____.

6. 某厂 2010 年的产值为 500 万元,预计产值每年以 5% 的速度递增,则该厂到 2015 年的产值将达到_____万元.

7. 一种放射性物质经过衰变,一年后残留量为原来的 84%,设每年的衰变速度不变,

那么 100 g 这种物质 10 年后还剩_____ g.

8. 某钢铁厂的年产量由 2004 年的 40 万 t,增长到 2014 年的 60 万 t,按此增长率计算,预计该钢铁厂 2024 年的年产量为_____万 t.

三、解答题

9. 某城市现有人口 100 万,根据最近 20 年的统计,这个城市人口的年自然增长率为 1.2%,设 x 年后的人口为 y 万,写出 y 随 x 变化的函数解析式并计算 10 年后的人口数(精确到 0.01).

10. 由于电子技术的飞速发展,计算机成本不断降低,设每隔 5 年计算机的价格降低 $\frac{1}{3}$,照此计算,现在价格为 8 100 元的计算机经过 20 年价格降为多少元?

5.3 对数

学习目标导航

1. 理解对数的概念,能进行指数形式和对数形式的互化.
2. 知道对数的基本性质,认识两个恒等式的形式和特点.
3. 理解积、商、幂的对数,会用对数运算法则进行对数的化简和求值.

5.3.1 对数的概念

知识要点梳理

一、对数的概念

如果 $a^b = N(a>0, a\neq 1)$,则 b 叫作以 a 为底 N 的对数,记作 $b = \log_a N$.其中 a 叫作对数的底数,N 叫作真数.

形如 $a^b = N$ 的式子叫作指数式,形如 $\log_a N = b$ 的式子叫作对数式.

当 $a>0$ 且 $a\neq 1$, $N>0$ 时, $a^b = N \Leftrightarrow \log_a N = b$.

说明:转化的思想是一个重要的数学思想,在解决有关问题时,经常需要进行对数式与指数式的相互转化.

二、对数的基本性质和重要恒等式

设 $a>0$ 且 $a\neq 1$, $N>0$.

(1) $N>0$,即零和负数没有对数;

(2) 1 的对数等于 0,即 $\log_a 1 = 0$;

(3) 底的对数等于 1,即 $\log_a a = 1$;

(4) $a^{\log_a N} = N$;

(5) $\log_a a^b = b$.

三、常用对数和自然对数

以 10 为底的对数叫作常用对数,$\log_{10} N$ 简记为 $\lg N$;以无理数 $e(e = 2.71828\cdots)$ 为底的对数叫作自然对数,$\log_e N$ 简记为 $\ln N$.

典型例题剖析

例 1 将下列对数式化为指数式,指数式化为对数式:

(1) $\log_3 \dfrac{1}{27} = -3$;   (2) $\log_x 64 = 6$;

(3) $\left(\dfrac{1}{5}\right)^{-2} = 25$;   (4) $0.1^3 = 0.001$.

解析 由 $a^b = N \Leftrightarrow b = \log_a N$ 可实现对数式与指数式的互化.

(1) $3^{-3} = \dfrac{1}{27}$;   (2) $x^6 = 64$;

(3) $\log_{\frac{1}{5}} 25 = -2$;   (4) $\log_{0.1} 0.001 = 3$.

例2 求下列各式中的 x：

(1) $\log_{\sqrt{5}} x = 6$；(2) $\log_3(\log_2 x) = 1$.

解析 可将对数式转化为指数式或者对数的性质来求解.

(1) 由 $\log_{\sqrt{5}} x = 6$ 得 $x = \sqrt{5}^6 = (5^{\frac{1}{2}})^6 = 5^3 = 125$，故 $x = 125$；

(2) 由 $\log_3(\log_2 x) = 1$ 得 $\log_2 x = 3$，故 $x = 2^3 = 8$.

课堂小测试

一、选择题

1. 已知 $\lg x = 3$，则 $x = (\quad)$.

   A. 3　　　　B. 3^{10}　　　　C. 10^3　　　　D. $\lg 3$

2. $\log_2 \frac{1}{16} = (\quad)$.

   A. 4　　　　B. -4　　　　C. $\frac{1}{4}$　　　　D. $-\frac{1}{4}$

3. 将 $\left(\frac{1}{5}\right)^{-3} = 125$ 化为对数式为 $(\quad)$.

   A. $\log_{125} \frac{1}{5} = -3$　　B. $\log_{(-3)} \frac{1}{5} = 125$　　C. $\log_{\frac{1}{5}} 125 = -3$　　D. $\log_{(-3)} 125 = \frac{1}{5}$

4. 已知 $\log_a \frac{1}{27} = 3$，则 $a = (\quad)$.

   A. $\frac{1}{3}$　　　　B. 3　　　　C. $\frac{1}{9}$　　　　D. 9

5. 下列四个指数式：① $(-2)^3 = -8$，② $1^5 = 1$，③ $3^{-\frac{1}{2}} = \frac{\sqrt{3}}{3}$，④ $a^b = N$ 可以写成对数式

   的个数是 $(\quad)$.

   A. 0　　　　B. 1　　　　C. 2　　　　D. 3

6. 在对数式 $\log_{(a+1)}(2-a)$ 中，a 的取值范围是 $(\quad)$.

   A. $(0, 2)$　　B. $(-1, 2)$　　C. $(2, +\infty)$　　D. $(-1, 0) \cup (0, 2)$

二、填空题

7. 将 $\log_5 \frac{1}{625} = -4$ 化为指数式为 _____.

8. $\log_7 1 = $ _____；$\log_2 2 = $ _____；$\ln \sqrt{e} = $ _____.

9. $\log_6 \frac{1}{36} = $ _____ ; $\log_{0.1} 10 = $ _____ ; $\lg 0.0001 = $ _____ .

10. $9^{\log_3 \sqrt{2}} = $ _____ .

11. 方程 $\log_3 x^2 = 2$ 的解是 $x = $ _____ .

12. 设 $\lg(3x+1) = 1$,则 $x = $ _____ .

三、解答题

13. 将下列对数式化为指数式,指数式化为对数式：

(1) $\log_{0.25} \frac{1}{16} = 2$; (2) $\log_{81} \frac{1}{27} = -\frac{3}{4}$; (3) $10^{-1} = 0.1$; (4) $m^{-5} = n (m > 0, m \neq 1)$.

14. 计算：

(1) $\log_6 \sqrt{6}$; (2) $\log_{0.2} 0.0016$; (3) $\log_5 (\log_3 243)$; (4) $\log_{15} 1 + 2\log_7 7 - e^{\ln 2}$.

5.3.2 积、商、幂的对数

知识要点梳理

一、积、商、幂的对数公式

设 $a > 0$ 且 $a \neq 1, M > 0, N > 0$,有

(1) $\log_a (MN) = \log_a M + \log_a N$;

(2) $\log_a \left(\frac{M}{N}\right) = \log_a M - \log_a N$;

(3) $\log_a M^n = n\log_a M (n \in \mathbf{R})$.

特别地:

(1) $\lg(MN) = \lg M + \lg N$;

(2) $\lg\left(\dfrac{M}{N}\right) = \lg M - \lg N$;

(3) $\lg M^n = n\lg M (n \in \mathbf{R})$.

说明:运用公式进行对数变形时要注意对数的真数的范围是否改变.

二、换底公式

$\log_a N = \dfrac{\log_b N}{\log_b a}$.特别地:$\log_a N = \dfrac{\lg N}{\lg a}$.

说明:此公式可以将以 a 为底的对数用常用对数表示或换成其他数为底的对数,便于计算.

典型例题剖析

例1 设 $a > 0$ 且 $a \neq 1$,x、y 均不等于 0,则下列式子中正确的有(　　).

(1) $\log_a x^2 = 2\log_a x$;　　　　　(2) $\log_a(xy) = \log_a x + \log_a y$;

(3) $\log_a\left(\dfrac{x}{y}\right) = \log_a x - \log_a y$;　　(4) $\dfrac{\log_a x}{\log_a y} = \log_a x - \log_a y$.

A.1 个　　　　B.2 个　　　　C. 3 个　　　　D.4 个

解析 积、商、幂的对数公式的使用前提是 $a > 0$ 且 $a \neq 1$,$M > 0$,$N > 0$,(1)中左边的 x 不一定大于 0,所以 $\log_a x^2$ 不一定等于 $2\log_a x$,(2)中左边的 $xy > 0$,不一定 $x > 0$ 且 $y > 0$,所以等式不一定成立,(4)显然错误,所以正确答案只有 1 个,选 A.

例2 解方程 $\lg(x^2 - 3) = \lg(3x + 1)$.

解析 原方程可化为 $x^2 - 3 = 3x + 1$,即 $x^2 - 3x - 4 = 0$,解得 $x = 4$ 或 $x = -1$,经检验 $x = -1$ 不是原方程的解,故原方程的解为 $x = 4$.

注意:解对数方程时一定要检验求出的解是否满足真数大于 0,底数大于 0 且不等于 1.

课堂小测试

一、选择题

1. $\log_2 9 - \log_2 3 = ($　　$)$.

　　A.$\log_2 3$　　　　B.$\log_2 6$　　　　C.$\log_2 27$　　　　D.3

2.若 $\lg a = 7, \lg b = 3$，则 $ab = ($　　$)$.

　　A.10　　　　　　B.100　　　　　　C.$\dfrac{1}{10}$　　　　　　D.10^{10}

3.$\log_a x = \log_a y$ 是 $x = y$ 成立的($\quad$).

　　A.充分条件　　　　　　　　　　　B.必要条件

　　C.充要条件　　　　　　　　　　　D.非充分也非必要条件

4.设 $\log_2 3 = a$，则 $\log_2 6 = ($　　$)$.

　　A.a　　　　　　B.$a+1$　　　　　C.$a-1$　　　　　D.$2a$

5.若 $\log_m 2\sqrt{2} = \dfrac{3}{8}$，则 $m = ($　　$)$.

　　A.2　　　　　　B.$2^{\frac{8}{3}}$　　　　　C.$2^{\frac{9}{4}}$　　　　　D.16

6.已知 $f(x) = \begin{cases} \log_2 x, x \in (0, +\infty) \\ x^2 + 9, x \in (-\infty, 0) \end{cases}$，则 $f[f(-\sqrt{7})] = ($　　$)$.

　　A.16　　　　　　B.8　　　　　　C.4　　　　　　D.2

二、填空题

7.$\lg 20 + \lg 50 = $ _____.

8.已知 $\lg^2 x - 3\lg x + 2 = 0 (x > 0)$，则 $x = $ _____.

9.$\log_5[\log_3(\log_2 x)] = 0$，则 $x = $ _____.

10.$\log_5 0.1 + \log_5 2 = $ _____.

11.$\log_5 8 \cdot \log_2 9 \cdot \log_3 25 = $ _____.

12.若 $\ln N = 1 + \ln 3$，则 $N = $ _____.

13.已知 $\lg a, \lg b$ 是方程 $x^2 - 4x + 1 = 0$ 的两个实根，则 $ab = $ _____.

14.若 $\log_3 2 = a$，则 $\log_3 8 - \log_3 6 = $ _____.

三、解答题

15.已知 $\lg 2 = a, \lg 3 = b$，用 a 和 b 表示下列各式：

　　(1)$\lg 24$；　　　　(2)$\lg 72$；　　　　(3)$\lg \dfrac{81}{4}$.

16.用 $\lg x, \lg y, \lg z$ 表示下列各式：

(1) $\lg \dfrac{x^{\frac{1}{2}} y^3}{z^2}$；

(2) $\lg(\sqrt{x} \cdot \sqrt[3]{y^2} \cdot z^{-1})$.

17.求下列式子的值：

(1) $\lg 8\,000 + \lg 125 - 10^{\lg 2}$；

(2) $\dfrac{\lg \sqrt{2} + \lg 3 - \lg \sqrt{10}}{\lg \dfrac{9}{5}}$；

(3) $(\lg 0.01)^2 - \log_5 3 \cdot \log_3 25 + \log_2 \sqrt[3]{4}$；

(4) $\log_5 8 \cdot \log_{32} 25 + (-2\,003)^{\lg 1} - 0.25^{-\frac{1}{2}}$.

18.已知 $\log_{28} 4 = 0.235\,9$，求 $\log_{28} 49$ 的值.

5.4 对数函数

学习目标导航

1.理解对数函数的概念,掌握对数函数的图像和性质.

2.能求一些简单复合函数的定义域.

3.会比较两个对数值的大小,会利用对数函数的单调性解一些指数方程和不等式.

4.了解对数函数在生产中的应用.

5.4.1 对数函数及其图像与性质

知识要点梳理

一、对数函数的定义

一般地,形如 $y=\log_a x$ 的函数叫作对数函数,其中 $a(a>0,a\neq 1)$ 为常数.对数函数的定义域是 $(0,+\infty)$,值域为 $(-\infty,+\infty)$.

二、对数函数的图像和性质(见表5.4.1)

表 5.4.1

项目	$a>1$	$0<a<1$
图像	$y=\log_a x$ $(a>1)$,过点$(1,0)$	$y=\log_a x$ $(0<a<1)$,过点$(1,0)$
性质	定义域$(0,+\infty)$,值域$(-\infty,+\infty)$	
	过点$(1,0)$,即 $x=1$ 时,$y=0$	
	当 $x>1$ 时,$y>0$	当 $x>1$ 时,$y<0$
	当 $0<x<1$ 时,$y<0$	当 $0<x<1$ 时,$y>0$
	在 $(0,+\infty)$ 内是单调增函数	在 $(0,+\infty)$ 内是单调减函数
	既非奇函数又非偶函数	

典型例题剖析

例1 函数 $y=\sqrt{\log_{0.2}(x-2)}$ 的定义域是_____.

解析 函数有意义应满足 $\log_{0.2}(x-2) \geqslant 0$,即 $\log_{0.2}(x-2) \geqslant \log_{0.2}1$,因此 $0<(x-2) \leqslant 1$,解得 $x \in (2,3]$.

例2 函数 $y=\log_2(x^2-3x+2)$ 的单调递增区间是_____.

解析 函数的单调区间是定义域的子集,所以应先求出函数的定义域.

要使函数有意义,应满足 $x^2-3x+2>0$,解得 $x<1$ 或 $x>2$,令 $t=x^2-3x+2(t>0)$,

当 $x<1$ 时 $t=x^2-3x+2$ 为减函数,$y=\log_2 t$ 为减函数,所以 $y=\log_2(x^2-3x+2)$ 在 $(-\infty,1)$ 内是减函数.

当 $x>2$ 时 $t=x^2-3x+2$ 为增函数,$y=\log_2 t$ 为增函数,所以 $y=\log_2(x^2-3x+2)$ 在 $(2,+\infty)$ 内是增函数.故函数的单调递增区间是 $(2,+\infty)$.

例3 已知函数 $f(x)=\log_a \dfrac{1-x}{1+x}(a>0,a\neq 1)$,求使 $f(x)>0$ 成立的 x 的取值范围.

解析 本题应按对数函数当 $a>1$ 和 $0<a<1$ 时不同的单调性进行分类讨论.

由 $f(x)>0$ 得 $\log_a \dfrac{1-x}{1+x}>0$,即 $\log_a \dfrac{1-x}{1+x}>\log_a 1$.

当 $a>1$ 时,有 $\dfrac{1-x}{1+x}>1$,解得 $-1<x<0$;

当 $0<a<1$ 时,有 $0<\dfrac{1-x}{1+x}<1$,解得 $0<x<1$.

故当 $a>1$ 时,使 $f(x)>0$ 成立的 x 的取值范围是 $(-1,0)$;当 $0<a<1$ 时,使 $f(x)>0$ 成立的 x 的取值范围是 $(0,1)$.

课堂小测试

一、选择题

1.对数函数 $f(x)=\log_{0.2}x$ ( ).

    A.在区间 $(-\infty,+\infty)$ 内是增函数   B.在区间 $(-\infty,+\infty)$ 内是减函数

    C.在区间 $(-\infty,0)$ 内是增函数   D.在区间 $(0,+\infty)$ 内是减函数

2.所有的对数函数的图像恒过点( ).

    A.$(0,1)$ B.$(1,0)$ C.$(0,0)$ D.$(1,1)$

3. $x>y$ 是 $\lg x>\lg y$ 的( ).

　　A.充分条件　　　　　　　　　　B.必要条件

　　C.充要条件　　　　　　　　　　D.非充分也非必要条件

4.下列关系式中正确的是( ).

　　A.$2^{-\frac{1}{3}}<\left(\frac{1}{2}\right)^{0}<\log_{2}3$　　　　B.$\left(\frac{1}{2}\right)^{0}<2^{-\frac{1}{3}}<\log_{2}3$

　　C.$2^{-\frac{1}{3}}<\log_{2}3<\left(\frac{1}{2}\right)^{0}$　　　　D.$\log_{2}3<2^{-\frac{1}{3}}<\left(\frac{1}{2}\right)^{0}$

5.函数 $y=x-a$ 与 $y=\log_{a}x$ 在同一坐标系下的图像是( ).

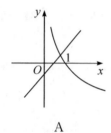 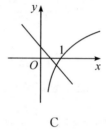 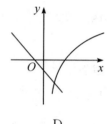

　　A　　　　　　　B　　　　　　　C　　　　　　　D

6.设函数 $f(x)=\log_{a}x(a>0$ 且 $a\neq1)$,且 $f(4)=2$,则 $f(8)=($).

　　A.2　　　　B.$\frac{1}{2}$　　　　C.3　　　　D.$\frac{1}{3}$

7.函数 $f(x)=\log_{a}(x-2)$ 的图像恒过点( ).

　　A.(0,2)　　　B.(2,0)　　　C.(0,3)　　　D.(3,0)

8.若 $0<a<1$,则 $y=a^{x}$ 与 $y=-\log_{a}x$ 在同一个坐标系中的图像大致为( ).

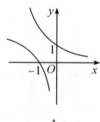 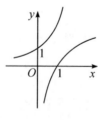 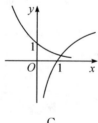 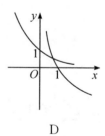

　　A　　　　　　　B　　　　　　　C　　　　　　　D

9.函数 $y=\log_{5}x$ 与 $y=\log_{\frac{1}{5}}x$ 的图像关于( )对称.

　　A.x 轴　　　B.y 轴　　　C.原点　　　D.直线 $y=x$

10.函数 $f(x)=\log_{5}(x^{2}+1)$ 的单调增区间是( ).

　　A.$(-\infty,0)$　　　　　　　　B.$(0,+\infty)$

　　C.$(-\infty,+\infty)$　　　　　　D.$(-\infty,0)\cup(0,+\infty)$

二、填空题

11. 设函数 $f(x)=\lg x+10$，则 $f(100)=$ _____．

12. 若 $\log_{0.3} x \geq 1$，则 x 的取值范围是 _____．

13. 比较大小：$\log_3 0.3$ _____ $\log_3 0.2$，$\log_{0.2} 3$ _____ $\log_{0.2} 2$．

14. 若 $\log_5[\log_3(\log_2 x)]<0$，则 x 的取值范围是 _____．

15. 设 $a=0.7^3$，$b=\log_3 0.7$，$c=3^{0.7}$，则 a,b,c 的大小关系是 _____．

16. $|\log_3 5-2|+\log_9 25+\left(\dfrac{1}{5}\right)^{-\frac{1}{2}}=$ _____．

17. 函数 $f(x)=\log_2 x+3\,(x\geq 1)$ 的值域是 _____．

18. $y=\log_a(x+5)\,(0<a<1)$ 的图像不过第 _____ 象限．

三、解答题

19. 求下列函数的定义域：

(1) $y=\log_{0.5}(x^2-5x+6)$；

(2) $y=\sqrt{\lg x-1}$；

(3) $y = \dfrac{1}{\log_{0.5}(2-x)}$;

(4) $y = \dfrac{\sqrt{\log_{0.3}(2x-3)}}{2-x}$.

20. 解下列方程：

(1) $\lg(x+1) + \lg(x-2) = 1$；

(2) $\log_{(x-1)}(x^2+x-6)=2$.

21. 解下列对数不等式：

(1) $\log_3(x^2-8)>\log_3(-2x)$；

(2) $\log_{0.1}(x^2-2x+3)\leqslant\log_{0.1}(2x^2+x-1)$.

22. 已知函数 $f(x)=\log_2(ax+b)$，且 $f(2)=2, f(3)=3$，求 a,b 的值.

5.4.2 对数函数的应用举例

对数函数的应用与指数模型的关系.

对数函数在自然科学和经济生活中都有着广泛的应用,在人口增长模型、经济学模型、生物学模型等领域都需要利用对数函数知识解决,在指数模型的应用中,求指数的问题一般都需要利用对数来解决.

例 1 假设 2012 年某市国民生产总值为 a 亿元,如果平均每年比上一年增长 8%,则经过多少年后该市国民生产总值是原来的 2 倍?

解析 (1)设经过 x 年该市的国民生产总值是原来的 2 倍,则由题意得
$$a \cdot (1+8\%)^x = 2a,$$
即
$$1.08^x = 2.$$
于是 $x = \log_{1.08} 2 \approx 9.$

答:经过 9 年后该市国民生产总值是原来的 2 倍.

例 2 光线通过一块玻璃板,其强度将减弱 10%,现将若干这样的玻璃板叠加制成玻璃墙,叠加多少块这样的玻璃板可使光线通过后强度减弱为原来的 59%?

解析 设叠加 x 块玻璃板可使光线通过后强度减弱为原来的 59%,则由题意得
$$(1-10\%)^x = 0.59,$$
即
$$0.9^x = 0.59,$$
于是
$$x = \log_{0.9} 0.59 \approx 5.$$

答:叠加 5 块这样的玻璃板后可使光线强度减弱为原来的 59%.

一、选择题

1.某种细菌在培养过程中,每 20 min 分裂一次,经过(　　)个小时后,这种细菌可由 1 个繁殖成 512 个.

A.9　　　　B.10　　　　C.8　　　　D.3

2. 从 2013 年起，某城市力争在 20 年内使全市工业生产总值翻两番，如果每年的增长率是 8%，则达到翻两番的目标最少需要（　　）年.

A. $\log_{1.08} 2$　　B. $\log_{1.08} 4$　　C. $\log_2 1.08$　　D. $\log_4 1.08$

3. 非洲某国家公园内有角马 100 万只，这个公园内角马的数量 y（只）与时间 x（年）的关系为 $y = 100\log_2(x+1)$，则第 7 年它们发展为（　　）万只.

A. 300　　B. 400　　C. 600　　D. 700

4. 某企业 2008 年的产值是 500 万元，计划以后平均每年比上一年增长 20%，这个企业将在（　　）年产值达到 864 万元.

A. 2009　　B. 2010　　C. 2011　　D. 2012

二、填空题

5. 某单位的产值平均每年比上一年增长 15%，则这个单位经过 _____ 年产值翻一番.

6. 某工厂购买了一套价值 200 万元的新设备，按每年 10% 的折旧率折旧，经过 _____ 年后价值为 50 万元.

7. 设磷-32 经过一天的衰变，其残留量为原来的 95.27%. 现有 10 g 磷-32，设每天的衰变速度不变，经过 _____ 天后残留量为原来的 50%（用代数式表示）.

三、解答题

8. 某商场销售额为 a 万元，实行机制改革后，每年销售额以 15% 的幅度增加，照此发展下去，多少年后商场销售额达到现在的 4 倍？

9. 某市 2013 年商品房的平均价格为 5 000 元/m²,通过近几年的市场商品房价格分析,预计每年的商品房价格以 12% 的幅度增长.问:

(1) 该市 2020 年的商品房平均价格为多少?

(2) 该市哪一年的商品房价格预计可达到 14 000 元/m²?

第 5 章检测试题

★★★

总分:120 分　时间:120 分钟　得分:_____分

一、选择题(本大题共 15 小题,每题 3 分,共 45 分)

1. 下列各函数中,为指数函数的是(　　).

　　A. $y = x^5$　　　　B. $y = \log_2 x$　　　　C. $y = 2^x$　　　　D. $y = x$

2. 将 $4^x = 16$ 化成对数式为(　　).

　　A. $\log_{16} 4 = x$　　B. $\log_4 x = 16$　　C. $\log_{16} x = 4$　　D. $\log_4 16 = x$

3. 下列函数在其定义域内,既是减函数又是奇函数的是(　　).

　　A. $y = \left(\dfrac{1}{2}\right)^x$　　B. $y = 2^{\log_2 x}$　　C. $y = 2^x$　　D. $y = \log_2 2^{-x}$

4. $y = 3 + 0.2^x$ 的值域是(　　).

　　A. $(3, +\infty)$　　B. $(2, +\infty)$　　C. $(0, +\infty)$　　D. $(-\infty, +\infty)$

5. 下列关于 $\log_2 3$ 与 $\log_2 \dfrac{1}{3}$ 的关系中,表述正确的是(　　).

　　A. 互为倒数　　B. 互为相反数　　C. 商是 $\log_2 9$　　D. 积是 0

6. 下列不等式中正确的是(　　).

　　A. $\pi^{-1} > e^{-1}$　　B. $0.3^{0.8} > 0.3^{0.7}$　　C. $\log_3 4 > \log_4 3$　　D. $a^3 < a^2 \ (a > 0, a \neq 1)$

7.设 $2^{x+1}=a$,$2^{y-2}=b$,则 $2^{x+y}=($).

  A.$\frac{1}{2}ab$ B.$2ab$ C.ab D.$a+b$

8.lg[lg(lg$x$)]=0,则 $x^{-\frac{1}{5}}=($).

  A.100   B.10   C.0.1   D.0.01

9.$\log_8 9 \cdot \log_3 2$ 的值是(   ).

  A.$\frac{3}{2}$ B.1   C.$\frac{2}{3}$ D.2

10.函数 $y=\sqrt{\log_2(1-x)}$ 的定义域是(   ).

  A.$(-\infty,0]$ B.$(-\infty,1)$ C.$(0,1)$ D.$[0,1]$

11.设 $a=\log_{0.5}0.2$,$b=\log_2 0.5$,$c=\log_2 0.2$,则 a、b、c 的大小关系是(   ).

  A.$a>c>b$ B.$c>a>b$ C.$a>b>c$ D.$c>b>a$

12.当 $a>0$ 且 $a\neq 1$ 时,在同一坐标系中,函数 $y=a^{-x}$ 与 $y=\log_a x$ 的图像只可能是(   ).

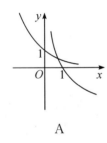 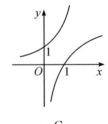 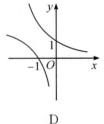

    A   B   C   D

13.设 $\log_3 7=a$,$\log_3 2=b$,则 $\log_7 2=($).

  A.$\frac{b}{a}$ B.$a+b$ C.$2ab$ D.$\frac{a}{b}$

14.已知 $\lg(x-y)+\lg(x+2y)=\lg(2x)+\lg y$,则 $\frac{x}{y}$ 的值等于(   ).

  A.-1 B.2   C.-1 或 2   D.$\frac{1}{2}$

15.函数 $y=\log_{\frac{1}{2}}(x^2-2x+3)$ 满足(   ).

  A.在定义域上是减函数   B.在 $(-\infty,1]$ 上是减函数

  C.在 $[1,+\infty)$ 上是减函数   D.以上答案都不对

二、填空题(本大题共 10 空,每空 3 分,共 30 分)

16.$(4a^{\frac{2}{3}} \cdot b^{-\frac{1}{3}} \cdot c^{\frac{5}{6}}) \div \left(-\frac{2}{3}a^{-\frac{1}{3}} \cdot b^{-\frac{1}{3}} \cdot c^{-\frac{2}{3}}\right)=$ _____ .

17. $\log_a 0.25 + 2\log_a 2 =$ _____.

18. 已知函数 $f(x) = a^{-x}(a>0$ 且 $a \neq 1)$,当 $a \in$ _____ 时是减函数.

19. 设 $a = \left(\dfrac{1}{3}\right)^{-\frac{5}{4}}, b = \left(\dfrac{5}{4}\right)^{-\frac{1}{3}}, c = \log_{\frac{1}{3}} \dfrac{5}{4}$,则 a, b, c 按由小到大的顺序为 _____.

20. 已知 $3^a + 3^{-a} = 3$,则 $9^a + 9^{-a} =$ _____.

21. 设 $a > 0$ 且 $a \neq 1$,则函数 $y = a^x$ 与 $y = a^{-x}$ 的图像关于 _____ 对称.

22. 设 $a > 0$ 且 $a \neq 1$,则函数 $y = \log_a(x-1) + 1$ 的图像一定过点 _____.

23. 函数 $f(x) = \left(\dfrac{1}{5}\right)^{x^2-4x+1}$ 的单调递增区间是 _____.

24. 若 $5^x = 3, \log_5 \dfrac{5}{3} = y$,则 $x + y =$ _____.

25. 若 $\lg a$ 与 $\lg b$ 是方程 $2x^2 - 4x + 1 = 0$ 的两个根,则 $\left(\lg \dfrac{b}{a}\right)^2 =$ _____.

三、解答题(本大题共 5 小题,每题 9 分,共 45 分)

26. 计算或化简:

(1) $(0.25)^{-0.5} + \left(\dfrac{1}{27}\right)^{-\frac{1}{3}} - 625^{0.25} + \log_2 8 - 2\log_{0.5} 1$;

(2) $\lg 0.001 - \lg 2 - \lg 5 + (\sqrt{2} - 1)^0 + \left(\dfrac{1}{16}\right)^{-\frac{1}{4}}$;

(3) $\dfrac{\sqrt{a}\cdot\sqrt[4]{a^3}}{\sqrt[3]{a}\sqrt[6]{a^5}\sqrt[12]{a}}\ (a>0)$.

27. 求下列函数的定义域：

(1) $y=\sqrt{\log_{0.3}(x-3)}$；

(2) $y=\sqrt{9-\left(\dfrac{1}{3}\right)^x}$；

(3) $y=\sqrt{1-2^{x+1}}+\ln(x+4)$.

28. 解下列方程：

(1) $\log_3(x^2-8) = \log_3(-2x)$;

(2) $\log_2(x+1) + \log_2(x-2) = 2$;

(3) $2^{2x+1} - 7 \cdot 2^x - 4 = 0$.

29. 解下列不等式：

(1) $\left(\dfrac{1}{3}\right)^{x-3} \leqslant 3^{x^2+x}$;

(2)$\log_{\frac{1}{2}}(x^2+2x+3) < \log_{\frac{1}{2}}(3x+5)$.

30.已知函数 $f(x)=\log_2(1-x^2)$,(1)判断函数 $f(x)$ 的奇偶性并加以证明;
(2)求函数 $f(x)$ 的单调区间.

第6章 直线与圆的方程

 知识构架

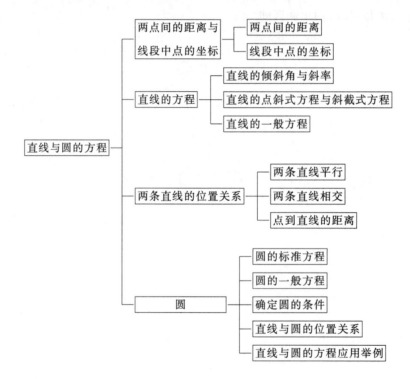

6.1 两点间距离公式与线段的中点坐标公式

 学习目标导航

(1)了解两点间的距离公式和中点公式的推导过程.
(2)掌握两点间的距离公式和中点公式,并能应用这两个公式解决有关问题.
(3)培养计算能力.

知识要点梳理

一、两点间的距离公式

设点 $A(x_1,y_1)$，点 $B(x_2,y_2)$，则 A,B 两点间的距离为：$|AB|=\sqrt{(x_2-x_1)^2+(y_2-y_1)^2}$.

特别地，若 A,B 两点均在 x 轴上，则 $|AB|=|x_2-x_1|$；若 A,B 两点均在 y 轴上，则 $|AB|=|y_2-y_1|$.

需要注意的是：两点间的距离与两点的先后顺序无关，也就是说公式也可写成 $|AB|=\sqrt{(x_1-x_2)^2+(y_1-y_2)^2}$，利用此公式可以将有关几何问题转化为代数问题进行研究.

二、中点公式

若点 $A(x_1,y_1)$，点 $B(x_2,y_2)$ 是平面上两点，点 $P(x,y)$ 是线段 AB 的中点，

则有 $\begin{cases} x=\dfrac{x_1+x_2}{2} \\ y=\dfrac{y_1+y_2}{2} \end{cases}$.

典型例题剖析

例1 已知 $\triangle ABC$ 的三个顶点的坐标分别是 $A(-1,3),B(1,-1),C(3,0)$，试确定 $\triangle ABC$ 的形状.

解析 因为 $A(-1,3),B(1,-1),C(3,0)$，所以 $|AB|=\sqrt{(1+1)^2+(-1-3)^2}=2\sqrt{5}$，$|BC|=\sqrt{(3-1)^2+(0+1)^2}=\sqrt{5}$，$|AC|=\sqrt{(3+1)^2+(0-3)^2}=5$.

而 $|AB|^2+|BC|^2=|AC|^2$，所以 $\angle B$ 为直角.

因此，$\triangle ABC$ 是以点 B 为直角顶点的直角三角形.

例2 已知两点 $P(2,-1),Q(a,4)$，并且 $|PQ|=\sqrt{41}$，求 a 的值.

解析 由两点间的距离公式得：

$\sqrt{(a-2)^2+(4+1)^2}=\sqrt{41}$，解得 $a=-2$ 或 $a=6$.

例3 已知点 $A(-3,1)$ 和点 $P(2,5)$，求点 A 关于点 P 的对称点 B 的坐标.

解析 设点 B 的坐标为 (x,y).

由题意可知，点 P 是线段 AB 的中点.

由中点公式有 $\begin{cases} \dfrac{-3+x}{2}=2 \\ \dfrac{4+y}{2}=5 \end{cases}$，解得 $\begin{cases} x=7 \\ y=6 \end{cases}$.

故点 A 关于点 P 的对称点 B 的坐标是 $(7,6)$.

课堂小测试

一、选择题

1. 点 $P(-5,0)$ 到坐标原点的距离等于( ).

   A.-5 B.0 C.5 D.无法确定

2. 点 $P(x,y)$ 关于坐标原点的对称点是( ).

   A.(x,y) B.$(-x,y)$ C.$(x,-y)$ D.$(-x,-y)$

3. 已知两点 $A(-3,4),B(2,3)$,则线段 AB 的中点是( ).

   A.$(-1,7)$ B.$\left(-\dfrac{1}{2},\dfrac{7}{2}\right)$ C.$\left(\dfrac{1}{2},-\dfrac{7}{2}\right)$ D.$(5,-1)$

4. 已知两点 $A(-2,5),B(2,3)$,则 $|AB|=$( ).

   A.$2\sqrt{5}$ B.8 C.20 D.64

5. 以 $A(3,2),B(6,5),C(1,10)$ 为顶点的三角形是( ).

   A.锐角三角形 B.钝角三角形 C.直角三角形 D.无法判断

6. 平面上两点 $A(-3,-3),B(3,5)$ 之间的距离等于( ).

   A.9 B.10 C.8 D.6

二、填空题

7. 已知点 $A(2,3)$ 和点 $B(m,0)$ 之间的距离等于 5,则 $m=$ _____.

8. 连接两点 $A(3,-4),B(2,-5)$ 的线段的中点的坐标是 _____.

9. 已知点 $A(-3,2)$ 和点 $M(-1,1)$,则点 A 关于点 M 的对称点的坐标是 _____.

10. 已知点 $A(a,-5)$ 和点 $B(2,3)$,且 $|AB|=10$,则 $a=$ _____.

三、解答题

11. 已知 $A(2,0)$,点 B 在直线 $y=x$ 上运动,且 $|AB|=\sqrt{10}$,试求点 B 的坐标.

12. 在 y 轴上求一点 P,使点 P 到点 $A(-4,3)$ 的距离为 10.

13. 已知平行四边形 $ABCD$ 的三个顶点 $A(1,0)$,$B(2,-5)$,$C(5,2)$,求顶点 D 的坐标.

6.2 直线的方程

 学习目标导航

(1)理解直线的倾斜角的概念,了解直线的倾斜角的取值范围.

(2)理解直线的斜率,掌握过两点的直线的斜率公式,了解倾斜角与斜率之间的关系.

(3)掌握直线的点斜式和斜截式方程,能根据已知条件比较熟练地求出直线的点斜式和斜截式方程.

(4)掌握直线方程的一般式,理解二元一次方程与直线的对应关系.

第1课时 直线的倾斜角与斜率

知识要点梳理

一、直线的倾斜角

一般地,在平面直角坐标系内,直线 l 与 x 轴相交,我们把 x 轴绕着交点按逆时针方向旋转到和直线 l 重合时所转过的最小正角 $α$,叫作直线 l 的倾斜角.

理解直线的倾斜角要注意以下几点:

(1)当直线 l 与 y 轴垂直时,我们规定直线 l 的倾斜角为 $0°$.

(2)倾斜角的取值范围是 $[0°,180°)$.

(3)在平面直角坐标系内,每一条直线都有一个确定的倾斜角.

(4)直线 l 的倾斜角实际上是指在平面直角坐标系内,直线 l 向上的方向与 x 轴的正方向所形成的最小正角,当直线 l 与 x 轴平行或重合时,规定直线 l 的倾斜角为 $0°$.

二、直线的斜率

1.直线的斜率的定义.

如果直线 l 的倾斜角 $α$ 不是 $90°$,那么倾斜角 $α$ 的正切值叫作直线 l 的斜率,记作 k,即 $k=\tan α(α≠90°)$.

理解直线的斜率要注意以下几点:

(1)当倾斜角 $α$ 不是 $90°$ 时,直线 l 存在斜率,且斜率 $k=\tan α$.

(2)当倾斜角 $α=90°$ 时,直线 l 没有斜率.

(3)每一条直线都有倾斜角,并非每一条直线都有斜率,事实上,每一条倾斜角不是 $90°$ 的直线,都有一个确定的斜率.

(4)倾斜角 $α$ 与斜率值有如下关系:

①当 $α=0°$ 时,$k=0$.

②当 $0°<α<90°$ 时,$k>0$.

③当 $90°<α<180°$ 时,$k<0$.

④当 $α=90°$ 时,k 不存在.

2.直线的斜率的计算公式.

(1) $k=\tan α(α≠90°)$.

(2)经过两点 $P_1(x_1,y_1)$ 和 $P_2(x_2,y_2)$ 的直线 l 的斜率公式为:

$$k=\frac{y_2-y_1}{x_2-x_1}(x_1≠x_2).$$

理解和应用直线斜率的两个计算公式要注意以下几点:

(1)在用公式 $k=\tan\alpha$ 计算直线 l 的斜率时,$\alpha\neq 90°$.若 $\alpha=90°$,则不能用此公式计算,此时直线 l 的斜率不存在.

(2)用斜率公式 $k=\dfrac{y_2-y_1}{x_2-x_1}$ 计算直线 l 的斜率时,x_1,x_2 不能相等.若 $x_1=x_2$,则不能用此公式计算,此时直线 l 的倾斜角为 $90°$,其斜率不存在.

典型例题剖析

例1 已知直线 l_1 的倾斜角 $\alpha_1=60°$,直线 $l_1\perp l_2$,求两直线 l_1 和 l_2 的斜率.

解析 直线 $k_1=\tan\alpha_1=\tan 60°=\sqrt{3}$.

直线 l_2 的倾斜角 $\alpha_2=90°+60°=150°$.

因此,直线 l_2 的斜率 $k_2=\tan 150°=\tan(180°-30°)=-\tan 30°=-\dfrac{\sqrt{3}}{3}$.

例2 若三点 $A(-2,3),B(-1,7),C\left(\dfrac{1}{4},a\right)$ 共线,求实数 a 的值.

解析 因为 $A(-2,3),B(-1,7),C\left(\dfrac{1}{4},a\right)$ 三点共线,所以 $k_{AB}=k_{AC}$,即

$\dfrac{7-3}{-1-(-2)}=\dfrac{a-3}{\dfrac{1}{4}-(-2)}$,解得 $a=12$.

例3 已知 $\triangle ABC$ 的顶点 $A(1,5),B(2,-3),C(-5,m)$,且 BC 边的中点为 D.当直线 AD 的倾斜角为 $\dfrac{\pi}{4}$ 时,求实数 m 的值和线段 AD 的长 $|AD|$.

解析 因为 $B(2,-3),C(-5,m)$,且 D 为线段 BC 的中点,所以点 D 的坐标为 $\left(\dfrac{2-5}{2},\dfrac{-3+m}{2}\right)$,即 $\left(-\dfrac{3}{2},\dfrac{m-3}{2}\right)$.

由于直线 AD 的倾斜角为 $\dfrac{\pi}{4}$,因此直线 AD 的斜率为 $k_{AD}=\tan\dfrac{\pi}{4}=1$.

又因为点 A 的坐标是 $(1,5)$,所以由斜率公式有

$k_{AD}=\dfrac{\dfrac{m-3}{2}-5}{-\dfrac{3}{2}-1}$,解得 $m=8$.于是点 D 的坐标为 $\left(-\dfrac{3}{2},\dfrac{5}{2}\right)$.

故线段 AD 的长 $|AD|=\sqrt{\left(-\dfrac{3}{2}-1\right)^2+\left(\dfrac{5}{2}-5\right)^2}=\dfrac{5\sqrt{2}}{2}$.

一、选择题

1. 若一条直线 l 的斜率不存在,则它的倾斜角为(   ).

   A.0　　　　B.$\dfrac{\pi}{4}$　　　　C.$\dfrac{\pi}{2}$　　　　D.π

2. 若直线 l 的倾斜角为 $150°$,则该直线的斜率为(   ).

   A.$\sqrt{3}$　　　　B.$-\sqrt{3}$　　　　C.$\dfrac{\sqrt{3}}{3}$　　　　D.$-\dfrac{\sqrt{3}}{3}$

3. 经过点 $A(-2,3)$ 与点 $B(x,4)$ 的直线斜率 $k=-3$,则 x 的值为(   ).

   A.$-\dfrac{7}{3}$　　　　B.$\dfrac{7}{3}$　　　　C.$-\dfrac{3}{7}$　　　　D.$\dfrac{3}{7}$

4. 下列说法中正确的是(   ).

   A.每一条直线都有唯一确定的倾斜角

   B.与 y 轴垂直的直线的倾斜角为 $90°$

   C.若直线的倾斜角为 α,则 $\sin\alpha>0$

   D.每一条直线都有斜率

5. 已知直线经过两点 $A(1,\sqrt{3}),B(a,0)$,且直线的倾斜角为 $\dfrac{5\pi}{6}$,则 a 等于(   ).

   A.4　　　　B.-2　　　　C.2　　　　D.不存在

6. 已知直线斜率的绝对值为 $\sqrt{3}$,则此直线的倾斜角为(   ).

   A.$\dfrac{\pi}{3}$　　　　B.$\dfrac{2\pi}{3}$　　　　C.$\dfrac{\pi}{6}$　　　　D.$\dfrac{\pi}{3}$ 或 $\dfrac{2\pi}{3}$

二、填空题

7. 经过点 $A(0,1)$ 与点 $B(\sqrt{3},2)$ 的直线 AB 的倾斜角 $\alpha=$＿＿＿＿＿＿＿.

8. 若直线 l 的斜率为 -1,则直线 l 的倾斜角 $\alpha=$＿＿＿＿＿＿＿.

9. 经过两点 $A(3,3),B(-2,-1)$ 的直线 AB 的斜率 $k_{AB}=$＿＿＿＿＿＿＿.

10. 若直线 l 与 x 轴平行,则直线 l 的倾斜角 $\alpha=$＿＿＿＿＿＿＿.

三、解答题

11. 已知直线 l 的倾斜角为 $135°$，且直线 l 经过点 $A(4,3)$ 和点 $B(2,a)$，求 a 的值.

12. 已知直线 l 经过点 $P(-1,-1)$，且与 x 轴和 y 轴分别交于 A、B 两点，若点 P 恰好为线段 AB 的中点，求直线 l 的斜率和倾斜角.

13. 判断满足下列条件的直线的斜率是否存在，若存在，求出结果.

    (1) 直线的倾斜角为 $45°$；

    (2) 直线过点 $A(-1,2)$ 与点 $B(3,2)$；

    (3) 直线平行于 y 轴；

    (4) 点 $M(5,-2)$ 与点 $N(5,7)$ 在直线上.

第 2 课时　直线的一般式方程

知识要点梳理

一、直线的点斜式方程

1.直线的点斜式方程的定义.

方程 $y-y_0=k(x-x_0)$ 由直线上一点 (x_0,y_0) 和这条直线的斜率 k 确定,我们把这个方程叫作直线的点斜式方程,简称点斜式.

2.理解点斜式方程要注意以下几点：

(1)点斜式方程只有在直线的斜率存在(即倾斜角 $\alpha\neq 90°$)时才能使用,因此点斜式方程不能表示斜率不存在的直线的方程.

(2)要注意到 $\dfrac{y-y_0}{x-x_0}$ 与 $y-y_0=k(x-x_0)$ 是不同的,前者表示的直线上没有 $P_0(x_0,y_0)$这一个点,后者才是一条完整的直线.

(3)特别地,如果直线 l 经过点 $P_0(x_0,y_0)$ 且平行于 x 轴(或与 x 轴重合),这时倾斜角为 $0°$,斜率 $k=\tan 0°=0$,由点斜式得直线 l 的方程为 $y=y_0$,如图 6.2.1 所示.

(4)特别地,如果直线 l 经过点 $P_0(x_0,y_0)$ 且与 x 轴垂直,这时倾斜角为 $90°$,斜率不存在,其方程不能用点斜式表示,这时直线 l 的方程可以表示为 $x=x_0$,如图 6.2.2 所示.

二、直线的斜截式方程

1.直线的斜截式方程的定义.

如图 6.2.3 所示,如果直线 l 经过点 $P(0,b)$,且斜率为 k,则直线 l 的点斜式方程为 $y-b=k(x-0)$,整理得 $y=kx+b$,这个方程叫作直线的斜截式方程,其中 k 为斜率,b 叫作直线 $y=kx+b$ 在 y 轴上的截距,简称直线的纵截距.

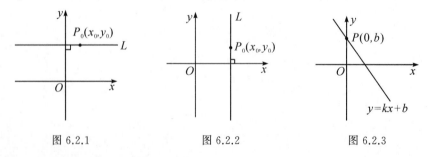

图 6.2.1　　　　图 6.2.2　　　　图 6.2.3

2.理解直线的斜截式方程要注意以下几点.

(1)斜截式方程只有在直线的斜率存在(即倾斜角 $\alpha\neq 90°$)时才能使用,即斜截式方程不能表示斜率不存在也就是与 x 轴垂直的直线的方程.

(2)直线的斜截式方程是由点斜式方程推导出来的,所以斜截式是点斜式的特例,其特殊之处在于直线经过的点为 $P(0,b)$,也就是说直线 l 经过的已知点是直线 l 与 y 轴的交点,因此,直线的斜截式方程可变形为点斜式方程.

(3)直线 l 与 y 轴的交点 $(0,b)$ 的纵坐标 b 叫作直线 l 的纵截距.直线 l 与 x 轴的交点 $(a,0)$ 的横坐标 a 叫作直线 l 的横截距,纵截距和横截距统称为截距.截距可以是正数,可以是负数,也可以是 0.

当直线 l 与 y 轴的正半轴相交时,纵截距 $b>0$;当直线 l 与 y 轴的负半轴相交时,纵截距 $b<0$;当直线 l 经过坐标原点时,纵截距 $b=0$;当直线 l 与 y 轴平行时,直线 l 没有纵截距.

(4)当直线 l 与 x 轴垂直,且垂足为点 $(x_1,0)$ 时,直线 l 既不能用点斜式也不能用斜截式表示,这时直线 l 的方程为 $x=x_1$.

三、直线的一般式方程

1.直线的一般式方程的定义.

关于 x、y 的二元一次方程 $Ax+By+C=0$(A、B 不同时为 0)叫作直线的一般式方程,简称一般式.

2.理解直线的一般式方程要注意以下几点:

(1)任何一条直线都可以用直线方程的一般式来表示.

(2)在求直线方程时,如果没有特殊要求,最终结果通常用一般式表示.

(3)直线方程的点斜式和斜截式都可以化为一般式,一般式通常也可以化为点斜式和斜截式.

(4)在直线方程的一般式 $Ax+By+C=0$ 中,A 和 B 是不同时为 0 的.

当 $B\neq 0$ 时,方程可变形为 $y=-\dfrac{A}{B}x-\dfrac{C}{B}$,它表示一条斜率为 $-\dfrac{A}{B}$,过点 $\left(0,-\dfrac{C}{B}\right)$ 的直线.

当 $B=0$ 时,$A\neq 0$,方程可变形为 $Ax+C=0$,即 $x=-\dfrac{C}{A}$,它表示一条与 x 轴垂直的直线.

(5)当 $A=0$ 且 $B\neq 0$,$C\neq 0$ 时,方程 $Ax+By+C=0$ 表示的直线平行于 x 轴;

当 $B=0$ 且 $A\neq 0$,$C\neq 0$ 时,方程 $Ax+By+C=0$ 表示的直线平行于 y 轴;

当 $A=0$ 且 $B\neq 0$,$C=0$ 时,方程 $Ax+By+C=0$ 表示的直线与 x 轴重合;

当 $B=0$ 且 $A\neq 0$,$C=0$ 时,方程 $Ax+By+C=0$ 表示的直线与 y 轴重合;

当 $A\neq 0$ 且 $B\neq 0$ 时,方程 $Ax+By+C=0$ 表示的直线与 x 轴、y 轴都相交.

典型例题剖析

例1 已知直线 l 经过点 $A(-3,-2)$，且直线 l 的倾斜角 $\alpha=\dfrac{3\pi}{4}$，求直线 l 的方程.

解析 因为直线 l 的倾斜角 $\alpha=\dfrac{3\pi}{4}$，所以直线 l 的斜率 $k=\tan\dfrac{3\pi}{4}=\tan\left(\pi-\dfrac{\pi}{4}\right)=-\tan\dfrac{\pi}{4}=-1$.

又因为直线 l 经过点 $A(-3,-2)$，所以由直线的点斜式方程可得 $y-(-2)=-1\times[x-(-3)]$，即 $x+y+5=0$ 为所求直线 l 的方程.

例2 已知直线 l 经过点 $A(-4,3)$，且在 y 轴上的截距为 2，求直线 l 的方程.

解析 因为直线 l 在 y 轴上的截距为 2，所以直线 l 经过点 $(0,2)$.

又因为直线 l 经过点 $(-4,3)$，所以直线 l 的斜率为 $k=\dfrac{3-2}{-4-0}=-\dfrac{1}{4}$.

又由于直线 l 在 y 轴上的截距是 2，即 $b=2$，因此由直线方程的斜截式可知直线 l 的方程是 $y=-\dfrac{1}{4}x+2$，即 $x+4y-8=0$.

课堂小测试

一、选择题

1. 下列各点，在直线 $3x-2y+2=0$ 上的是（　　）.

   A.$(0,0)$　　　B.$(0,1)$　　　C.$(0,-1)$　　　D.$\left(\dfrac{2}{3},0\right)$

2. 经过点 $(-3,4)$，且平行于 x 轴的直线的方程是（　　）.

   A.$x+3=0$　　　B.$x-3=0$　　　C.$y+4=0$　　　D.$y-4=0$

3. 直线 $y=3x-5$ 在 y 轴上的截距是（　　）.

   A.-5　　　B.5　　　C.3　　　D.-3

4. 直线 $x+y-3=0$ 的斜率 k 和倾斜角 α 分别是（　　）.

   A.$k=-1,\alpha=45°$　　　　　B.$k=1,\alpha=45°$
   C.$k=-1,\alpha=135°$　　　　D.$k=1,\alpha=135°$

5. 已知三点 $A(3,0)$、$B(3,4)$、$C(0,5)$，则过线段 AB 中点与点 C 的直线方程是（　　）.

   A.$x-y-1=0$　　　　　B.$x+y+5=0$
   C.$x-y+1=0$　　　　　D.$x+y-5=0$

6.若 $k>0, b<0$,则直线 $y=kx+b$ 必不通过(　　).

　　A.第一象限　　　　B.第二象限　　　　C.第三象限　　　　D.第四象限

7.设直线 l 的斜率为 $\dfrac{1}{2}$,且过点 $(2,3)$,则 l 的方程为(　　).

　　A.$x-2y+4=0$　　　　　　B.$2x-y+4=0$

　　C.$x+2y+4=0$　　　　　　D.$2x+y+4=0$

8.过点 $A(2,3), B(2,-3)$ 的直线的方程为(　　).

　　A.$x=2$　　　B.$x=-2$　　　C.$y=2$　　　D.$y=-2$

二、填空题

9.过点 $(-2,4)$,倾斜角为 $30°$ 的直线的方程是_____.

10.经过点 $(0,-3)$,斜率为 $\dfrac{2}{3}$ 的直线的斜截式方程是_____.

11.y 轴所在直线的方程是_____,x 轴所在直线的方程是_____.

12.直线 $x=m$ 与 y 轴的距离为 3,则 $m=$ _____.

13.直线在 y 轴上的截距是 -5,且倾斜角为 $135°$,则直线方程为_____.

14.若直线 $(m-2)x-y+m-3=0$ 的斜率等于 2,则 $m=$ _____.

三、解答题

15.直线 l 经过点 $P(-4,2)$,且直线 l 的倾斜角 α 的余弦值为 $-\dfrac{3}{5}$,求直线 l 的方程.

16. 已知直线 l 经过点 $M(2,-1)$，且直线 l 与两坐标轴围成的三角形的面积为 4，求直线 l 的方程.

17. 求过定点 $P(3,2)$ 且在两坐标轴上截距相等的直线 l 的方程.

18. 求过点 $A(2,1)$ 且在 x 轴上的截距等于在 y 轴上的截距的 2 倍的直线方程.

6.3 两条直线的位置关系

学习目标导航

（1）掌握两条直线平行和垂直的条件，会用直线的斜率来判断两条直线是否平行或垂直.

（2）会求经过已知点，且与已知直线平行或垂直的直线的方程.

（3）会求两条相交直线的交点.

（4）掌握点到直线的距离公式以及两条平行线间的距离公式，会运用公式求解有关距离的简单问题.

第1课时 两条直线平行

知识要点梳理

两条直线的位置关系：

直线方程	一般式	斜截式
	$l_1: A_1x+B_1y+C_1=0$ $l_2: A_2x+B_2y+C_2=0$	$l_1: y=k_1x+b_1$ $l_2: y=k_2x+b_2$
平行	$\dfrac{A_1}{A_2}=\dfrac{B_1}{B_2}\neq\dfrac{C_1}{C_2}$	$k_1=k_2$ 且 $b_1\neq b_2$
重合	$\dfrac{A_1}{A_2}=\dfrac{B_1}{B_2}=\dfrac{C_1}{C_2}$	$k_1=k_2$ 且 $b_1=b_2$
相交	$\dfrac{A_1}{A_2}\neq\dfrac{B_1}{B_2}$	$k_1\neq k_2$
垂直	$A_1A_2+B_1B_2=0$	$k_1k_2=-1$

两条直线的交点坐标：

已知两条直线 $l_1: A_1x+B_1y+C_1=0, l_2: A_2x+B_2y+C_2=0$.

若方程组 $\begin{cases} Ax_1+By_1+C_1=0 \\ Ax_2+By_2+C_2=0 \end{cases}$ 的解是 $\begin{cases} x=m \\ y=n \end{cases}$，则直线 l_1 与 l_2 的交点坐标为 (m,n).

典型例题剖析

例1 已知直线 l_1 经过点 $A(2,3), B(-1, m-2)$，直线 l_2 经过点 $C(3,m), D(m-2,-3)$，并且 $l_1 \perp l_2$，求实数 m 的值.

解析 设直线 l_1, l_2 的斜率分别是 k_1, k_2.

因为直线 l_1 经过点 $A(2,3)$ 和点 $B(-1, m-2)$，且 $2\neq -1$，所以直线 l_1 的斜率存在.

(1) 当 $k_1=0$ 时，$m-2=3$，则 $m=5$，此时 k_2 不存在.

(2) 当 $k_1\neq 0$ 时，$m-2\neq 3$，则 $m\neq 5$，此时 $k_2\neq 0$.

由 $k_1 \cdot k_2=-1$，得 $\dfrac{m-2-3}{-1-2}\times\dfrac{-3-m}{m-2-3}=-1$，即有 $\dfrac{m+3}{3}=-1, m=-6$.

因此，实数 m 的值为 5 或 -6.

例2 若直线 $l_1: x+ay+6=0$，$l_2:(a-2)x+3y+a=0$ 平行，求实数 a 的值.

解析 若直线 $l_1: x+ay+6=0$，$l_2:(a-2)x+3y+a=0$ 平行，则 $\dfrac{1}{a-2}=\dfrac{a}{3}\neq\dfrac{6}{a}$.

由 $\dfrac{1}{a-2}=\dfrac{a}{3}$，解得 $a=-1$ 或 $a=3$.

经检验，此时两直线均不重合，则 a 的值为 -1 或 3.

例3 已知直线 l 经过两直线 $x-3y-3=0$ 和 $3x+2y+13=0$ 的交点，且垂直于直线 $4x+3y-2=0$，求直线 l 的方程.

解法一 由 $\begin{cases}x-3y-3=0\\3x+2y+13=0\end{cases}$ 得 $\begin{cases}x=-3\\y=-2\end{cases}$，所以直线 l 经过点 $(-3,-2)$.

又因为直线 l 与斜率为 $-\dfrac{4}{3}$ 的直线垂直，所以直线 l 的斜率为 $\dfrac{3}{4}$.

因此，直线 l 的方程为 $y-(-2)=\dfrac{3}{4}(x+3)$，即 $3x-4y+1=0$.

解法二 根据直线 l 垂直于直线 $4x+3y-2=0$，可设直线 l 的方程为 $3x-4y+m=0$.

由 $\begin{cases}x-3y-3=0\\3x+2y+13=0\end{cases}$ 得 $\begin{cases}x=-3\\y=-2\end{cases}$.

即直线 l 所经过的交点坐标为 $(-3,-2)$.

于是有 $3\times(-3)-4\times(-2)+m=0$，$m=1$，故直线 l 的方程为 $3x-4y+1=0$.

课堂小测试

一、选择题

1. 若直线 $y=kx+4$ 与直线 $y=-5x+3$ 平行，则（　　）.

   A. $k=-5$　　　　B. $k=3$　　　　C. $k=4$　　　　D. $k=5$

2. 若直线 l 与直线 $y=\dfrac{\sqrt{3}}{3}x+1$ 平行，则直线 l 的倾斜角 α 是（　　）.

   A. 0　　　　B. $\dfrac{\pi}{6}$　　　　C. $\dfrac{\pi}{4}$　　　　D. $\dfrac{\pi}{3}$

3. 若直线 l 与直线 $y=3x-2$ 垂直，则直线 l 的斜率是（　　）.

   A. 3　　　　B. -3　　　　C. $\dfrac{1}{3}$　　　　D. $-\dfrac{1}{3}$

4. 若直线 $3x+my+5=0$ 与直线 $mx+(1-2m)y-3=0$ 垂直，则实数 m 的值为（　　）.

   A. -2 或 0　　　　B. -2　　　　C. 2　　　　D. 2 或 0

5.若直线 $l_1: ax+2y+6=0$, $l_2: x+(a-1)y+(a^2-1)=0$ 平行不重合，则 a 等于（　　）.

A.-1 或 2　　　B.-1　　　C.2　　　D.$\dfrac{2}{3}$

6.直线 $3x+y-8=0$ 与直线 $x+3y+4=0$ 的位置关系是（　　）.

A.垂直　　　B.平行　　　C.重合　　　D.相交但不垂直

二、填空题

7.直线 $2x-81=0$ 与直线 $x+5=0$ 的位置关系是_____.

8.若经过点 $A(-3,a)$ 和点 $B(a,-5)$ 的直线与一条斜率为 -3 的直线平行，则 $a=$_____.

9.如果经过点 $P(m,2)$ 和点 $Q(3,m)$ 的直线 l 与一条斜率为 -2 的直线垂直，则 $m=$_____.

10.与直线 $2x-5y+7=0$ 平行且经过点 $(-3,2)$ 的直线 l 的方程是_____.

三、解答题

11.已知直线 l_1 经过点 $A(0,-1)$ 和点 $B\left(-\dfrac{4}{a},1\right)$，直线 l_2 经过点 $M(1,1)$ 和点 $N(0,-2)$. 若 l_1 与 l_2 没有公共点，求实数 a 的值.

12.当 a 为何值时，经过两点 $A(1,1)$ 和 $B(2a^2+1,a-2)$ 的直线：

(1)倾斜角为 $135°$；

(2)与过两点 $(0,-7),(3,2)$ 的直线垂直；

(3)与过两点 $(-4,9),(2,-3)$ 的直线平行.

13.求点 $P(1,2)$ 关于直线 $l:x+2y-10=0$ 对称的点的坐标.

第2课时 两条直线相交

知识要点梳理

一、点到直线的距离公式

点 $P_0(x_0,y_0)$ 到直线 $l:Ax+By+C=0(A,B$ 不同时为零$)$ 的距离为:

$$d=\frac{|Ax_0+By_0+C|}{\sqrt{A^2+B^2}}.$$

理解点到直线的距离公式要注意以下几点:

(1)点到直线的距离公式适用于平面内任一点到任一条直线的距离的计算.

(2)在利用点到直线的距离公式计算距离时,先要把直线方程化为一般式.

(3)若点 $P_0(x_0,y_0)$ 在直线上,则点到直线的距离公式仍然成立,且此距离为零.

(4)点到几条特殊直线的距离(画出图形可直接得到):

①点 $P_0(x_0,y_0)$ 到 x 轴的距离 $d=|y_0|$.

②点 $P_0(x_0,y_0)$ 到 y 轴的距离 $d=|x_0|$.

③点 $P_0(x_0,y_0)$ 到与 y 轴垂直的直线 $y=b$ 的距离 $d=|y_0-b|$.

④点 $P_0(x_0,y_0)$ 到与 x 轴垂直的直线 $x=a$ 的距离 $d=|x_0-a|$.

二、两条平行直线间的距离公式

两条平行直线 $l_1:Ax+By+C_1=0$ 与 $l_2:Ax+By+C_2=0$ 的距离为 $d=\frac{|C_1-C_2|}{\sqrt{A^2+B^2}}.$

理解两条平行直线间的距离公式要注意以下几点:

(1)使用两条平行直线间的距离公式时,先要把两条平行直线的方程化为一般式,并且两直线方程中 x 和 y 的系数必须分别相同.

(2)两条平行直线间的距离等于其中一条直线上任一点到另一条直线的距离,也可以看作两条直线上各取一点,这两点之间的最短距离.

典型例题剖析

例1 在 $\triangle ABC$ 中,已知 $A(-1,5)$,$B(4,-1)$,$C(2,1)$,求 $\triangle ABC$ 的面积 $S_{\triangle ABC}$.

解析 因为直线 BC 的斜率 $k_{BC} = \dfrac{1-(-1)}{2-4} = -1$,所以直线 BC 的方程为 $y-1 = -1 \times (x-2)$,即 $x+y-3=0$.

点 $A(-1,5)$ 到直线 BC:$x+y-3=0$ 的距离,$d = \dfrac{|-1 \times 1 + 1 \times 5 - 3|}{\sqrt{1^2+1^2}} = \dfrac{\sqrt{2}}{2}$.

又因为 $|BC| = \sqrt{(1+1)^2+(2-4)^2} = 2\sqrt{2}$,所以 $\triangle ABC$ 的面积 $S_{\triangle ABC} = \dfrac{1}{2} \times 2\sqrt{2} \times \dfrac{\sqrt{2}}{2} = 1$.

例2 求与直线 l_1:$3x+4y-1=0$ 平行且到直线 l_1 的距离为1的直线 l_2 的方程.

解法一 设直线 l_2 的方程为 $3x+4y+m=0$.

在直线 l_1:$3x+4y-1=0$ 上取一点 $P_0\left(0,\dfrac{1}{4}\right)$.

点 $P_0\left(0,\dfrac{1}{4}\right)$ 到直线 l_2:$3x+4y+m=0$ 的距离,$d = \dfrac{\left|3\times 0 + 4\times \dfrac{1}{4} + m\right|}{\sqrt{3^2+4^2}} = \dfrac{|1+m|}{5}$.

由题意可得,$\dfrac{|1+m|}{5} = 1$,解得 $m=-6$ 或 $m=4$.

故直线 l_2 的方程为 $3x+4y-6=0$ 或 $3x+4y+4=0$.

解法二 设直线 l_2 的方程为 $3x+4y+m=0$.

由两条平行直线间的距离公式可得,$\dfrac{|-1-m|}{\sqrt{3^2+4^2}} = 1$,解得 $m=-6$ 或 $m=4$.

故直线 l_2 的方程为 $3x+4y-6=0$ 或 $3x+4y+4=0$.

课堂小测试

一、选择题

1. 点 $P(-1,2)$ 到直线 $3x+2y=5$ 的距离 d 为(   ).

   A. $\dfrac{4\sqrt{13}}{13}$ B. $\dfrac{5\sqrt{13}}{13}$ C. $\dfrac{6\sqrt{13}}{13}$ D. $\dfrac{4}{5}$

2. 点 $(-2,-5)$ 到直线 $y-4=0$ 的距离是(   ).

   A.2   B.6   C.9   D.5

3. 到 x 轴的距离等于 1 的 y 轴上的点的坐标是(   ).

   A.$(0,-1)$ B.$(-1,0)$

   C.$(1,0)$ 或 $(-1,0)$ D.$(0,-1)$ 或 $(0,1)$

4. 直线 $4x-3y-2=0$ 与直线 $4x-3y-3=0$ 的距离为(   ).

   A.$\dfrac{1}{5}$ B.1   C.2   D.5

5. 与坐标原点的距离为 $\dfrac{\sqrt{2}}{2}$,斜率为 1 的直线方程为(   ).

   A.$x+y+1=0$ 或 $x+y-1=0$ B.$x+y+\sqrt{2}=0$ 或 $x+y-\sqrt{2}=0$

   C.$x-y+1=0$ 或 $x-y-1=0$ D.$x-y+\sqrt{2}=0$ 或 $x-y-\sqrt{2}=0$

6. 点 P 在直线 $x+y-4=0$ 上,O 是坐标原点,则 $|OP|$ 的最小值为(   ).

   A.$2\sqrt{2}$ B.$\sqrt{6}$ C.$\sqrt{10}$ D.2

7. 坐标原点到直线 $x\sin\theta+y\cos\theta=1$ 的距离为(   ).

   A.1   B.$\cos\theta$ C.$\sin\theta$ D.$\tan\theta$

8. 点 $P(a,0)$ 到直线 $y=-2x+5$ 的距离为 $\sqrt{5}$,则 a 等于(   ).

   A.5 或 -5 B.0   C.0 或 5   D.0 或 -5

二、填空题

9. 坐标原点到直线 $y=x-3$ 的距离是_____.

10. 若 y 轴上一点 $(0,m)$ 到直线 $x-y=0$ 的距离为 $2\sqrt{2}$,则 $m=$_____.

11. 点 $(4,3)$ 到直线 $6x-8y+k=0$ 的距离为 2,则 $k=$_____.

12. 直线 $5x+12y-3=0$ 与直线 $5x+12y+m=0$ 的距离为 1,则 $m=$_____.

13. 两条平行直线 $4x+3y+1=0$ 和 $8x+6y-3=0$ 之间的距离是_____.

14. 和直线 $x+y-1=0$ 的距离是 $\sqrt{2}$ 的方程是_____.

三、解答题

15. 直线 l 的倾斜角是 $\dfrac{3\pi}{4}$，且到点 $(2,-1)$ 的距离等于 $\dfrac{\sqrt{2}}{2}$，求直线 l 的方程．

16. 在 x 轴上求一点 P，使以点 $A(1,2), B(3,4)$ 和 P 为顶点的三角形的面积为 10．

17. 点 $A(m,6)$ 到直线 $3x-4y=2$ 的距离大于 4，求 m 的取值范围．

18. 在 $\triangle ABC$ 中，已知 $A(2,5), B(-1,-1), C(3,1)$，求 $\triangle ABC$ 的面积 $S_{\triangle ABC}$．

6.4 圆

(1)掌握圆的标准方程,并能根据圆的标准方程写出它的圆心坐标和半径.

(2)掌握圆的一般方程,并能判断一个二元二次方程是否是圆的方程,能根据圆的一般方程求出圆心坐标和半径,会用待定系数法求圆的方程.

(3)能判断直线与圆的位置关系.

(4)进一步培养数形结合的思想以及综合应用知识解决问题的能力.

第1课时　圆的标准方程

一、圆的标准方程

以点 (a,b) 为圆心,r 为半径的圆的标准方程是 $(x-a)^2+(y-b)^2=r^2$.

理解和使用圆的标准方程要注意以下几点:

(1)如果圆心在坐标原点,则 $a=0,b=0$,圆的标准方程为 $x^2+y^2=r^2$.

(2)圆的标准方程为 $(x-a)^2+(y-b)^2=r^2$,圆心为 (a,b),半径为 r.

(3)在圆的标准方程 $(x-a)^2+(y-b)^2=r^2$ 中,有三个参数 a,b,r,只要求出 a,b,r,圆的方程就被确定了.因此,确定圆的方程需要两个条件即圆心和半径,其中圆心确定圆的位置,是定位条件;半径确定圆的大小,是定形条件.

二、圆的一般方程

圆的一般方程为 $x^2+y^2+Dx+Ey+F=0(D^2+E^2-4F>0)$,其中圆心为 $\left(-\dfrac{D}{2},-\dfrac{E}{2}\right)$,半径 $r=\dfrac{1}{2}\sqrt{D^2+E^2-4F}$.

理解和使用圆的一般方程要注意以下几点:

(1)圆的一般方程的特征:含 x^2 和 y^2 的项的系数均为1或者均可化为1;没有含 xy 的项;$D^2+E^2-4F>0$.

(2)当 $D^2+E^2-4F>0$ 时,方程 $x^2+y^2+Dx+Ey+F=0$ 表示以点 $\left(-\dfrac{D}{2},-\dfrac{E}{2}\right)$ 为圆心,以 $r=\dfrac{1}{2}\sqrt{D^2+E^2-4F}$ 为半径的圆.

(3) 当 $D^2+E^2-4F=0$ 时,方程 $x^2+y^2+Dx+Ey+F=0$ 表示一个点 $\left(-\dfrac{D}{2},-\dfrac{E}{2}\right)$.

(4) 当 $D^2+E^2-4F<0$ 时,方程 $x^2+y^2+Dx+Ey+F=0$ 不表示任何图形.

(5) 二元二次方程 $Ax^2+Bxy+Cy^2+Dx+Ey+F=0$ 表示圆的充分必要条件是 $\begin{cases}A=C\neq 0 \text{ 且 } B=0\\ D^2+E^2-4F>0\end{cases}$,而 $A=C$ 且 $B=0$ 是二元二次方程 $Ax^2+Bxy+Cy^2+Dx+Ey+F=0$ 的必要不充分条件.

典型例题剖析

例 1 求圆心在直线 $x-2y-5=0$ 上,且经过点 $A(-3,0),B(3,2)$ 的圆的方程.

解法一 设所求圆的圆心为 $(2a+5,a)$,半径为 r,则所求圆的方程为 $(x-2a-5)^2+(y-a)^2=r^2$.

因为该圆经过点 $A(-3,0),B(3,2)$,所以

$$\begin{cases}(-3-2a-5)^2+(0-a)^2=r^2\\ (3-2a-5)^2+(2-a)^2=r^2\end{cases}, \text{解得} \begin{cases}a=-2\\ r=2\sqrt{5}\end{cases}.$$

故所求圆的方程为 $(x-1)^2+(y+2)^2=20$.

解法二 因为直线 AB 的斜率 $k_{AB}=\dfrac{2-0}{3-(-3)}=\dfrac{1}{3}$,线段 AB 的中点坐标是 $\left(\dfrac{-3+3}{2},\dfrac{0+2}{2}\right)$,即 $(0,1)$.

所以线段 AB 的垂直平分线的方程为 $y-1=-3(x-0)$,即 $3x+y-1=0$.

解方程组 $\begin{cases}3x+y-1=0\\ x-2y-5=0\end{cases}$,得 $\begin{cases}x=1\\ y=-2\end{cases}$.

于是得到所求圆的圆心为 $(1,-2)$.

又因为圆的半径 $r=\sqrt{(-2-0)^2+(1+3)^2}=2\sqrt{5}$,故所求圆的方程为 $(x-1)^2+(y+2)^2=20$.

例 2 已知 $\triangle ABC$ 的三个顶点分别是 $A(1,1),B(1,-5),C(4,-2)$,求 $\triangle ABC$ 的外接圆的方程.

解析 设 $\triangle ABC$ 的外接圆的方程为 $x^2+y^2+Dx+Ey+F=0$.因为该圆经过 $A(1,1),B(1,-5),C(4,-2)$ 这三点,所以有

$$\begin{cases} D+E+F=-2, & ① \\ D-5E+F=-26, & ② \\ 4D-2E+F=-20. & ③ \end{cases}$$

①-②得 $6E=24,E=4$.

①-③得 $-3D+3E=-18$,而 $E=4$,所以 $D=-2$.

把 $D=-2,E=4$ 代入式①,得 $-2+4+F=-2$,所以 $F=-4$.

故 $\triangle ABC$ 的外接圆的方程为 $x^2+y^2-2x+4y-4=0$.

课堂小测试

一、选择题

1. 圆心是 $(-1,3)$,半径为 $\sqrt{2}$ 的圆的标准方程是( ).

   A. $(x-1)^2+(y-1)^2=2$　　　　B. $(x+1)^2+(y-3)^2=2$

   C. $(x+1)^2+(y-3)^2=\sqrt{2}$　　　　D. $(x-3)^2+(y+1)^2=2$

2. 圆 $x^2+y^2-3x+4y-5=0$ 的圆心是( ).

   A. $\left(\dfrac{3}{2},-2\right)$　　B. $\left(-\dfrac{3}{2},2\right)$　　C. $\left(\dfrac{3}{2},2\right)$　　D. $\left(-\dfrac{3}{2},2\right)$

3. 以 $C(-3,4)$ 为圆心,且与直线 $2x-y+5=0$ 相切的圆的方程是( ).

   A. $(x-3)^2+(y+4)^2=25$　　　　B. $(x+3)^2+(y+4)^2=5$

   C. $(x-3)^2+(y-4)^2=25$　　　　D. $(x+3)^2+(y-4)^2=5$

4. 已知 $A(-4,-5),B(6,-1)$,则以线段 AB 为直径的圆的方程为( ).

   A. $(x+1)^2+(y-3)^2=29$　　　　B. $(x-1)^2+(y+3)^2=29$

   C. $(x+1)^2+(y-3)^2=116$　　　D. $(x-1)^2+(y+3)^2=116$

5. 已知圆 $x^2+y^2+ax+by-6=0$ 的圆心在点 $(3,4)$,则圆的半径是( ).

   A. $\sqrt{31}$　　　　B. $\sqrt{6}$　　　　C. 5　　　　D. $\dfrac{\sqrt{31}}{2}$

6. 半径为 3,且与 y 轴相切于坐标原点的圆的方程为( ).

   A. $(x-3)^2+y^2=9$　　　　B. $(x+3)^2+y^2=9$

   C. $x^2+(y-3)^2=9$　　　　D. $(x-3)^2+y^2=9$ 或 $(x+3)^2+y^2=9$

二、填空题

7. 圆心为 $(-5,2)$,且与 x 轴相切的圆的标准方程是_____.

8.若圆 $x^2+y^2-m=0$ 经过点 $(5,-12)$,则该圆的半径是_____.

9.圆心是 $(3,-1)$,且经过点 $(2,3)$ 的圆的标准方程是_____.

10.若方程 $x^2+y^2+(1-m)x+1=0$ 表示圆,则 m 的取值范围是_____.

三、解答题

11.求圆心在 x 轴上,且过点 $A(3,\sqrt{3})$,$B(0,0)$ 的圆的标准方程.

12.求过三点 $O(0,0)$,$A(1,1)$,$B(4,2)$ 的圆的方程.

13.求过点 $(3,2)$,圆心在直线 $y=2x$ 上,且与直线 $y=2x+5$ 相切的圆的方程.

第2课时 直线与圆的位置关系

知识要点梳理

一、点与圆的位置关系的判定

一个圆把平面内的点分成三部分,即圆外的点、圆上的点、圆内的点,因而点与圆的位置关系有点在圆外、点在圆上、点在圆内三种,其判定方法有两种:

1.几何法.

将所给的点 P 到圆心 C 的距离 $|PC|$ 与半径 r 做比较来判定点与圆的位置关系的方法叫作几何法.

(1)$|PC|>r \Leftrightarrow$ 点 P 在圆 C 外.

(2)$|PC|=r \Leftrightarrow$ 点 P 在圆 C 上.

(3)$|PC|<r \Leftrightarrow$ 点 P 在圆 C 内.

2.代数法(以 $C(a,b)$ 为圆心).

(1)点 $P(x_0,y_0)$ 在圆 C 外 $\Leftrightarrow (x_0-a)^2+(y_0-b)^2>r^2$.

(2)点 $P(x_0,y_0)$ 在圆 C 上 $\Leftrightarrow (x_0-a)^2+(y_0-b)^2=r^2$.

(3)点 $P(x_0,y_0)$ 在圆 C 内 $\Leftrightarrow (x_0-a)^2+(y_0-b)^2<r^2$.

二、直线与圆的位置关系的判定

直线 $Ax+By+C=0$ 与圆 $(x-a)^2+(y-b)^2=r^2$ 的位置关系有相交、相切、相离三种,其判定方法有两种.

1.几何法.

圆心 (a,b) 到直线 $Ax+By+C=0$ 的距离 $d=\dfrac{|Aa+Bb+C|}{\sqrt{A^2+B^2}}$,则

(1)$d<r \Leftrightarrow$ 直线与圆相交.

(2)$d=r \Leftrightarrow$ 直线与圆相切.

(3)$d>r \Leftrightarrow$ 直线与圆相离.

2.代数法.

由 $\begin{cases} Ax+By+C=0 \\ (x-a)^2+(y-b)^2=r^2 \end{cases}$ 消去 x 或 y 后得到的一元二次方程的判别式记为 Δ,则

(1)$\Delta>0 \Leftrightarrow$ 直线与圆相交.

(2)$\Delta=0 \Leftrightarrow$ 直线与圆相切.

(3)$\Delta<0 \Leftrightarrow$ 直线与圆相离.

典型例题剖析

例1 若直线 $y=kx+2$ 与圆 $x^2+y^2-4x-6y+12=0$ 相交,求实数 k 的取值范围.

解法一 因为直线 $y=kx+2$,即 $kx-y+2=0$ 与圆 $x^2+y^2-4x-6y+12=0$ 相交,所以圆心到直线的距离小于半径.

由于圆 $x^2+y^2-4x-6y+12=0$ 的圆心为 $(2,3)$,半径 $r=\dfrac{1}{2}\times\sqrt{(-4)^2+(-6)^2-4\times 12}=1$,

因此 $\dfrac{|2k-3+2|}{\sqrt{k^2+(-1)^2}}<1$,即有 $|2k-1|<\sqrt{k^2+1}$.

两边平方有 $4k^2-4k+1<k^2+1$,即 $3k^2-4k<0$,解得 $0<k<\dfrac{4}{3}$,故实数 k 的取值范围是 $\left(0,\dfrac{4}{3}\right)$.

解法二 将直线方程 $y=kx+2$ 代入圆方程 $x^2+y^2-4x-6y+12=0$,得 $(1+k^2)x^2-2(k+2)x+4=0$.

因为直线与圆相交,所以 $\Delta=[-2(k+2)]^2-4\times 4\times(1+k^2)>0$,即有 $3k^2-4k<0$,解得 $0<k<\dfrac{4}{3}$.

故实数 k 的取值范围是 $\left(0,\dfrac{4}{3}\right)$.

例2 直线 $2x-y-5=0$ 与圆 $x^2+y^2=5$ 的位置关系是( ).

A.相交且直线过圆心 B.相交且直线不过圆心

C.相切 D.相离

解析 圆 $x^2+y^2=5$ 的圆心为 $(0,0)$,半径为 $r=\sqrt{5}$.

圆心 $(0,0)$ 到直线 $2x-y-5=0$ 的距离为 $d=\dfrac{|-5|}{\sqrt{2^2+(-1)^2}}=\sqrt{5}=r$.

故直线 $2x-y-5=0$ 与圆 $x^2+y^2=5$ 相切.

故选 C.

课堂小测试

一、选择题

1. 过圆 $x^2+y^2=4$ 上一点 $M(1,\sqrt{3})$ 的切线方程为( ).

   A. $x-y=2$ B. $\sqrt{3}x-y=2$

   C. $x+\sqrt{3}y=4$ D. $x+3y=4$

2. 直线 $3x-4y+5=0$ 与圆 $(x+1)^2+y^2=1$ 的位置关系是( ).

   A. 相切 B. 相交

   C. 相离 D. 相交且直线过圆心

3. 若直线 $y=m$ 与圆 $(x+3)^2+y^2=9$ 相交,则( ).

   A. $-3<m<3$ B. $-9<m<9$

   C. $m<-3$ 或 $m>3$ D. $0<m<6$

4. 某仪表上有两个圆形零件,它们的方程分别是圆 $A:(x-3)^2+(y-2)^2=4$,圆 $B:(x+1)^2+(y-3)^2=1$,则圆心 A 和 B 之间的距离为( ).

   A. $\sqrt{17}$ B. 3 C. $\sqrt{29}$ D. $\sqrt{13}$

5. 若直线 $y=2x+b$ 与圆 $x^2+y^2=9$ 相切,则 b 的值为( ).

   A. $3\sqrt{5}$ B. $-3\sqrt{5}$ C. $\pm 3\sqrt{5}$ D. $\sqrt{5}$

6. 过点 $P(-2,1)$ 的圆 $x^2+y^2-2x-6y-5=0$ 的最短弦所在直线方程为( ).

   A. $2x-3y+7=0$ B. $3x+2y+4=0$ C. $3x+2y-2=0$ D. $3x-2y+8=0$

7. 直线 $y=x+1$ 与圆 $x^2+y^2-2x+4y-11=0$ 的位置关系是( ).

   A. 相交 B. 相切

   C. 相离 D. 可能相交,可能相切

8. 已知圆 $(x+2)^2+(y-3)^2=3$,经过点 $(4,-1)$ 作圆的切线,则切线长为( ).

   A. $2\sqrt{13}$ B. 7 C. 5 D. $\sqrt{41}$

二、填空题

9. 直线 $4x-3y=20$ 被圆 $x^2+y^2=25$ 所截得的弦长为_____.

10. 直线 $x-2y+5=0$ 与圆 $x^2+y^2-4x-2y=0$ 的位置关系是_____.

11. 若直线 $x+y=m$ 与圆 $x^2+y^2=4$ 相离,则 m 的取值范围是_____.

12. 圆 $x^2+y^2-2x+4y+4=0$ 上的点到直线 $3x-4y+9=0$ 的最大距离为

_____,最小距离为_____.

13.圆 $x^2+y^2+2x+4y-3=0$ 上到直线 $x+y+1=0$ 距离为 $\sqrt{2}$ 的点有_____个.

14.直线 $x\sin 10°+y\cos 10°-\sqrt{2}=0$ 与圆 $x^2+y^2=2$ 的位置关系是_____.

三、解答题

15.求经过圆 $(x-1)^2+(y-1)^2=1$ 外的一点 $P(2,3)$ 向圆所引的切线方程.

16.求圆 $x^2+y^2-8x-2y+12=0$ 被直线 $x+y-3=0$ 截得的弦长.

17.求经过点 $P(4,-5)$ 且与直线 $l:x-2y+4=0$ 相切于点 $B(-2,1)$ 的圆的方程.

18. 求过点 $P(3,-4)$，且与圆 $x^2+y^2=25$ 相切的直线 l 方程.

6.6 直线与圆的方程应用举例

知识要点梳理

(1)直线的一般式方程和几种形式方程的互相转化.

(2)圆的一般式方程和标准方程的转化.

(3)直线与圆的位置关系的几何性质.

(4)利用平面直角坐标系解决直线与圆的位置关系.

(5)通过观察图形，理解并掌握直线与圆的方程的应用，培养学生分析问题与解决问题的能力.

典型例题剖析

例1 自点 $A(-3,3)$ 发出的光线 l 射到 x 轴上，被 x 轴反射，其反射光线所在直线与圆 $x^2+y^2-4x+4y+7=0$ 相切，求光线 l 所在直线的方程.

解析 如图 6.6.1 所示，已知圆 $C:x^2+y^2-4x+4y+7=0$ 关于 x 轴对称的圆为 $C_1:(x-2)^2+(y+2)^2=1$，其圆心 C_1 的坐标为 $(2,-2)$，半径为 1，由光的反射定律知，入射

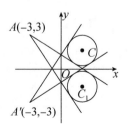

图 6.6.1

光线所在直线方程与圆 C_1 相切.

设 l 的方程为 $y-3=k(x+3)$,

则 $\dfrac{|5k+5|}{\sqrt{1^2+k^2}}=1$, 即 $12k^2+25k+12=0$.

所以 $k_1=-\dfrac{4}{3}, k_2=-\dfrac{3}{4}$.

则 l 的方程为 $4x+3y+3=0$ 或 $3x+4y-3=0$.

例 2 一艘轮船沿直线返回港口的途中,接到气象台的台风预报,台风中心位于轮船正西 70 km 处,受影响的范围是半径为 30 km 的圆形区域,已知港口位于台风中心正北 40 km 处,如果这艘轮船不改变航线,那么它是否会受到台风的影响?

解析 以台风中心为坐标原点,以东西方向为 x 轴建立直角坐标系(如图 6.6.2 所示),其中取 10 km 为单位长度,则受台风影响的圆形区域所对应的圆的方程为 $x^2+y^2=9$,

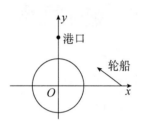

图 6.6.2

港口所对应的点的坐标为 $(0,4)$,

轮船的初始位置所对应的点的坐标为 $(7,0)$,

则轮船航线所在直线 l 的方程为

$\dfrac{x}{7}+\dfrac{y}{4}=1$, 即 $4x+7y-28=0$.

圆心 $(0,0)$ 到直线 $4x+7y-28=0$ 的距离

$d=\dfrac{|28|}{\sqrt{4^2+7^2}}=\dfrac{28}{\sqrt{65}}$, 而半径 $r=3$, 因为 $d>r$, 所以直线与圆相离, 所以轮船不会受到台风的影响.

例 3 图 6.6.3 所示为某圆拱形桥一孔圆拱的示意图,这个圆的圆拱跨度 $AB=20$ m, 拱高 $OP=4$ m, 建造时每间隔 4 m 需要用一根支柱支撑, 求支柱 A_2P_2 的高度. (精确到 0.01 m)

分析:(1)建立坐标系(见图 6.6.4);

(2)如何求圆拱所在圆的方程?

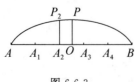

图 6.6.3

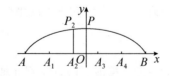

图 6.6.4

思路一:设圆的标准方程,圆心在 y 轴上:$x^2+(y-b)^2=r^2$,圆过两点$(10,0)$,$(0,4)$,所以 $\begin{cases}100+b^2=r^2\\(4-b)^2=r^2\end{cases} \Rightarrow \begin{cases}b=-10.5\\r=14.5\end{cases}$.

思路二:设圆的一般方程:$x^2+y^2+Dx+Ey+F=0$,圆过三点$(10,0)$,$(0,4)$,$(-10,0)$,所以圆的方程为 $x^2+(y+10.5)^2=14.5^2$.

(3)直线 A_2P_2 的方程:$x=-2$.

(4)如何求点 P_2 的坐标?联立方程组 $\begin{cases}x^2+(y+10.5)^2=14.5^2\\x=-2\end{cases} \Rightarrow y=3.86$.

(5)作答:支柱 A_2P_2 的高度为 3.86 m.

课堂小测试

一、选择题

1. 设有两点 $A(7,-4)$,$B(-5,2)$,则线段 AB 的垂直平分线方程为(   ).
   A.$2x-y-3=0$ B.$2x-y+3=0$
   C.$2x+y-3=0$ D.$2x+y+3=0$

2. 点 $M(3,4)$ 关于 x 轴对称点的坐标为(   ).
   A.$(-3,4)$ B.$(3,-4)$ C.$(3,4)$ D.$(-3,-4)$

3. 在下列四条直线中,斜率为 2,在 x 轴上截距为 2 的有(   ).

   $l_1:2x-y+4=0$, $l_2:2x+y-4=0$, $l_3:2x-y-4=0$, $l_4:\dfrac{1}{3}x+\dfrac{1}{6}y+\dfrac{5}{3}=0$

   A.1 条   B.2 条   C.3 条   D.0 条

4. 过点 $P(-1,1)$ 且倾斜角的余弦值是 $-\dfrac{3}{5}$ 的直线方程是(   ).
   A.$4x-3y+1=0$ B.$4x-3y-1=0$
   C.$4x+3y-1=0$ D.$4x+3y+1=0$

5. 过点 $P(3,4)$ 且与直线 $3x-2y+7=0$ 垂直的直线方程为(   ).
   A.$3y+2x-18=0$ B.$2y+3x-18=0$
   C.$3y-2x-18=0$ D.$2x-3y-18=0$

6. 点 $(1,-2)$ 关于 $y=x$ 的对称点的坐标为(   ).
   A.$(-1,2)$ B.$(-2,1)$ C.$(2,1)$ D.$(2,-1)$

7. 与点 $P(-1,2)$ 距离为 $\dfrac{2}{5}$ 的直线方程是(   ).
   A.$2x+y-10=0$ B.$3x=2$

C.$y=8$　　　　　　　　D.$4x+3y=0$

8.如果 $A\cdot C<0$ 且 $B\cdot C<0$,那么直线 $Ax+By+C=0$ 不过(　　).

　　A.第一象限　　B.第二象限　　C.第三象限　　D.第四象限

9.已知点 $P(3,-4)$,$Q(1,2)$,那么以线段 PQ 为直径的圆的方程为(　　).

　　A.$(x-2)^2+(y+1)^2=20$　　　　B.$(x+2)^2+(y-1)^2=20$

　　C.$(x-2)^2+(y+1)^2=10$　　　　D.$(x+2)^2+(y-1)^2=10$

10.直线 $mx+8y+2m=0$ 和直线 $x+2my-4=0$ 相交,那么(　　).

　　A.$m=-2$　　B.$m=2$　　C.$m=\pm 2$　　D.$m\neq \pm 2$

11.无论 k 为任何实数时,直线 $(2k+1)x-(k-2)y-(k+8)=0$ 恒通过一定点,则这个定点坐标是(　　).

　　A.$(2,3)$　　B.$(3,2)$　　C.$(-2,3)$　　D.$(-3,2)$

12.圆 $x^2+y^2+8x-6y=0$ 的圆心坐标是(　　).

　　A.$(4,3)$　　B.$(4,-3)$　　C.$(-4,-3)$　　D.$(-4,3)$

13.若直线和圆相切,则下列说法不正确的是(　　).

　　A.直线方程和圆的方程组成的方程组无解

　　B.直线和圆只有一个交点

　　C.圆心到直线的距离等于半径

　　D.过切点的半径垂直于直线

14.若直线 $x=a$ 与圆 $x^2+y^2=9$ 没有交点,则 a 的取值范围是(　　).

　　A.$\{-3,3\}$　　　　　　　　B.$(-3,3)$

　　C.$[-3,3]$　　　　　　　　D.$(-\infty,-3)\cup(3,+\infty)$

15.过圆 $x^2+y^2=4$ 上一点 $(1,-\sqrt{3})$ 的切线方程是(　　).

　　A.$x+\sqrt{3}y=4$　　　　　　B.$x-\sqrt{3}y=4$

　　C.$-\sqrt{3}x+y=4$　　　　　D.$\sqrt{3}x+y=4$

二、填空题

1.设点 M 在直线 $y=x$ 上,且到直线 $3x-4y+6=0$ 的距离为1,则点 M 的坐标为_____.

2.若直线 $l_1:(2a+1)x+(a+5)y-6=0$ 与直线 $l_2:(3-a)x+(2a-1)y+7=0$ 互相垂直,则 $a=$_____.

3.若直线 $ax+2y+2=0$ 与直线 $3x-y-2=0$ 平行,则实数 $a=$_____.

4.直线 $5x+12y+3=0$ 与直线 $10x+24y+5=0$ 的距离是_____.

5.直线 $x+6y+2=0$ 在 x 轴和 y 轴上的截距分别是_____.

6.圆 $(x-2)^2+(y+2)^2=2$ 截直线 $x-y-5=0$ 所得的弦长为_____.

7.以点 $A(2,5),B(-4,-1)$ 为直径的圆的方程为_____.

8.直线 $3x-4y+5=0$ 与圆 $(x-1)^2+(y-2)^2=100$ 的位置关系是_____.

三、解答题

1.在直线 $3x-5y+8=0$ 上求一点,使它与点 $A(2,1),B(1,2)$ 的距离相等.

2.已知三角形 ABC 三个顶点坐标分别为 $A(3,1),B(-3,4),C(1,-6)$,求 BC 边上中线 AD 的长度.

3.求过两条直线 $l_1:2x+3y-5=0$ 和 $l_2:3x-2y-3=0$ 的交点,且平行于直线 $2x+y-3=0$ 的直线的方程.

4.过点$(1,m)$与$(1-m,2)$的直线的斜率大于2,求m的取值范围.

5.已知点$M(2,2)$和$N(5,-2)$,点P在x轴上,且$\angle MPN$为直角,求点P的坐标.

6.求以点$C(-2,5)$为圆心,并且过点$(3,-7)$的圆的方程.

7.求圆$x^2+y^2-4y=0$关于直线$x+y=0$的对称圆的方程.

第6章检测试题

一、选择题(本大题共15小题,每题3分,共45分)

1. 已知两点 $A(-2,3)$ 和 $B(,y)$,且线段 AB 的中点是点 $P(1,-1)$,则 x 的值为( ).

   A.0　　　B.2　　　C.4　　　D.-4

2. 已知两点 $A(2,-1)$ 和 $B(4,1)$,则 $|AB|=$ ( ).

   A.8　　　B.$2\sqrt{2}$　　　C.$\sqrt{2}$　　　D.$2\sqrt{10}$

3. 直线的倾斜角的取值范围是( ).

   A.$(0,\pi)$　　B.$[0,\pi)$　　C.$(0,\pi]$　　D.$[0,\pi]$

4. 若过点 $P(-1,m)$ 和 $Q(m,5)$ 的直线斜率为2,则 $m=$ ( ).

   A.1　　　B.-1　　　C.7　　　D.-7

5. 直线 $x-\sqrt{3}y-1=0$ 的倾斜角的大小是( ).

   A.90°　　B.60°　　C.45°　　D.30°

6. 斜率为 -2,在 x 轴上的截距为3的直线的一般式方程是( ).

   A.$2x-y+6=0$　　　B.$2x+y-6=0$

   C.$2x-y-6=0$　　　D.$2x+y+6=0$

7. 若两直线 $x+my-2=0$ 与 $3x+2y-1=0$ 互相垂直,则 $m=$ ( ).

   A.$-\dfrac{3}{2}$　　B.$\dfrac{3}{2}$　　C.$-\dfrac{2}{3}$　　D.$\dfrac{2}{3}$

8. 两直线 $2x-3y-4=0$ 和 $x+y+3=0$ 的交点坐标是( ).

   A.$(-5,-2)$　　B.$(-2,1)$　　C.$(-1,-2)$　　D.$(2,-1)$

9. 若坐标原点到直线 $y=kx+2$ 的距离为 $\sqrt{2}$,则 $k=$ ( ).

   A.-1　　　B.1　　　C.±1　　　D.±2

10. 直线 l 经过坐标原点和点 $(-1,1)$,则直线 l 的倾斜角为( ).

    A.$\dfrac{3\pi}{4}$　　B.$\dfrac{7\pi}{4}$　　C.$\dfrac{\pi}{2}$　　D.$\dfrac{\pi}{4}$

11. 若 $x^2+y^2+2mx+4y+3m+8=0$ 表示一个圆,则实数 m 的取值范围是( ).

    A.$\{m|-1<m<4\}$　　　B.$\left\{m\left|m>-\dfrac{8}{3}\right.\right\}$

    C.$\left\{m\left|m<-\dfrac{8}{3}\right.\right\}$　　　D.$\{m|m<-1 \text{ 或 } m>4\}$

12.直线 $l_1:x+ay+6=0$ 与 $l_2:(a-2)x+3y+a=0$ 平行,则 a 的值为( ).

A.－1 或 3　　　　　　　　B.1 或 3

C.3　　　　　　　　　　　D.－1

13.过点 $P(2,-3)$ 且与直线 $3x-2y+1=0$ 垂直的直线方程是( ).

A.$3x-2y+1=0$　　　　　B.$3x-2y-8=0$

C.$2x+3y-5=0$　　　　　D.$2x+3y+5=0$

14.若点 $A(1,2),B(-2,3),C(4,m)$ 在同一直线上,则 m 的值为( ).

A.1　　　B.$\dfrac{7}{3}$　　　C.$\dfrac{11}{3}$　　　D.5

15.以 $C(1,3)$ 为圆心,并且和直线 $3x-4y-7=0$ 相切的圆的方程是( ).

A.$(x-1)^2+(y-3)^2=\dfrac{16}{5}$　　　B.$(x+1)^2+(y-3)^2=\dfrac{16}{5}$

C.$(x+1)^2+(y-3)^2=\dfrac{256}{25}$　　D.$(x-1)^2+(y-3)^2=\dfrac{256}{25}$

二、填空题(本大题共 10 空,每空 3 分,共 30 分)

16.圆 $x^2+y^2-2x-4y-1=0$ 的圆心到两直线 $x-y+4=0$ 和 $3x+y=0$ 的交点之间的距离是_____.

17.已知两点 $A(-3,2),B(-5,4)$,则经过线段 AB 的中点且与直线 $2x-3y+1=0$ 垂直的直线的方程是_____.

18.若点 $A(-1,),B(-2,2)$,则直线 AB 的斜率为_____.

19.两条平行直线 $4x-3y-15=0$ 和 $4x-3y-9=0$ 的距离是_____.

20.已知 x 轴上一点 B 与点 $A(5,12)$ 的距离等于 13,则点 B 的坐标为_____.

21.在直角坐标系中,坐标原点到直线 $x+y-2=0$ 的距离为_____.

22.若直线 $y=x+b$ 过圆 $x^2+y^2-4x+2y-4=0$ 的圆心,则 $b=$_____.

23.倾斜角是 $\dfrac{2\pi}{3}$,在 y 轴上的截距是 3 的直线方程是_____.

24.点 $(2,3)$ 关于直线 $x-y-1=0$ 的对称点为_____.

25.直线 $3x-2y=6$ 在 y 轴上的截距是_____.

三、解答题(本大题共 5 小题,每题 9 分,共 45 分)

26.设直线 $ax-y+3=0$ 与圆 $x^2+y^2-2x-4y+1=0$ 相交于 A、B 两点,且弦 AB 的长为 $2\sqrt{3}$,求 a 的值.

27.已知直线 $l:3x-4y-1=0$.

(1)若点 $A(m,6)$ 到直线 l 的距离为 2,求 m 的值;

(2)求直线 $6x-8y+1=0$ 与直线 l 之间的距离.

28.已知直线 l 经过点 $P(2,-1)$,其倾斜角为 θ,且 $\sin\theta=\dfrac{4}{5}$,求直线 l 的方程.

29. m 为何值时,直线 $y=x+m$ 与圆 $(x-1)^2+y^2=1$:

(1)相切;

(2)相交;

(3)相离.

30. 求经过两点 $A(-1,3)$ 和 $B(3,1)$,且圆心在直线 $3x-y-2=0$ 上的圆.

第7章 简单几何体

 知识构架

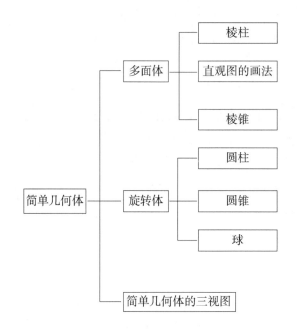

7.1 多面体

 学习目标导航

1. 通过对实物模型的观察,归纳认知棱柱的结构特征.
2. 能运用棱柱的结构特征描述现实生活中简单物体的结构和进行有关计算.
3. 了解斜二测画法,并会运用其画图.
4. 通过对棱柱的研究,掌握棱柱表面积和体积的求法.
5. 通过对空间几何体概念的学习,培养直观想象、逻辑推理的素养.

7.1.1 棱柱

知识要点梳理

1. 棱柱的结构特征.

定义	有两个面互相平行,其余各面都是四边形,并且每相邻两个四边形的公共边互相平行,由这些面所围成的多面体叫作棱柱
图示及相关概念	底面:两个互相平行的面. 侧面:底面以外的其余各面. 侧棱:相邻侧面的公共边. 顶点:侧面与底面的公共顶点
分类	按底面多边形的边数分:三棱柱、四棱柱……

2. 正棱柱主要性质:

(1)两个底面是平行且全等的正多边形;

(2)侧棱互相平行并垂直于底面,各侧棱都相等,侧棱与高相等.

3. 棱柱的侧面积公式: $S=ch$;

棱柱的表侧面积公式: $S=ch+2S_{底}$;

棱柱的体积公式: $V_{棱柱}=S_{底}h$;

典型例题剖析

例 1 如图 7.1.1 所示,已知长方体 $ABCD-A_1B_1C_1D_1$.

(1)这个长方体是棱柱吗?若是,是几棱柱?为什么?

(2)用平面 $BCNM$ 把这个长方体分成两部分,各部分形成的几何体还是棱柱吗?若是,请指出它们的底面.

方法指导 根据棱柱的定义、结构特征判断.

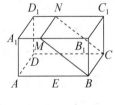

图 7.1.1

解析 (1)长方体是四棱柱.因为它有两个平行的平面 $ABCD$ 与平面 $A_1B_1C_1D_1$,其余各面都是四边形,并且每相邻两个四边形的公共边互相平行,这符合棱柱的定义.

(2)用平面 $BCNM$ 把这个长方体分成两部分,其中一部分有两个平行的平面 BB_1M 与平面 CC_1N,其余各面都是四边形,并且每相邻两个四边形的公共边互相平行,这符合棱柱的定义,所以是三棱柱,可用符号表示为三棱柱 BB_1M-CC_1N.同理,另一部分也是棱柱,可以用符号表示为四棱柱 $ABMA_1-DCND_1$.

例2 现有一个底面是菱形的直四棱柱,它的体对角线长为9和15,高是5,求该直四棱柱的表面积.

方法指导 先求直四棱柱的底面边长,侧面积+底面积=表面积.

解析 如图7.1.2所示,设底面对角线 $AC=a$,$BD=b$,交点为 O,对角线 $A_1C=15$,$B_1D=9$,

由 $a^2+5^2=15^2$,$b^2+5^2=9^2$,

得 $a^2=200$,$b^2=56$,

即 $a=10\sqrt{2}$,$b=2\sqrt{14}$.

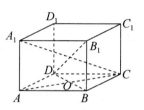

图7.1.2

因为该直四棱柱的底面是菱形,

所以直四棱柱的底面积为 $\frac{1}{2}\times 10\sqrt{2}\times 2\sqrt{14}=20\sqrt{7}$.

得 $AB^2=\left(\frac{AC}{2}\right)^2+\left(\frac{BD}{2}\right)^2=\frac{a^2+b^2}{4}=\frac{200+56}{4}=64$,

即 $AB=8$.

所以直四棱柱的侧面积 $S=4\times 8\times 5=160$,

故直四棱柱的表面积为 $160+40\sqrt{7}$.

 课堂小测试

1.判断下列命题是否正确:

(1)有两个侧面是矩形的棱柱是直棱柱. （　）

(2)有两个面平行,其余各面均为平行四边形的几何体是棱柱. （　）

(3)棱柱被平行于侧棱的平面所截,截面是平行四边形. （　）

(4)长方体是直棱柱,直棱柱也是长方体. （　）

2.下列关于棱柱的说法中,错误的是(　　).

A.三棱柱的底面为三角形

B.一个棱柱至少有五个面

C.若棱柱的底面边长相等,则它的各个侧面全等

D.五棱柱有5条侧棱、5个侧面,侧面为平行四边形

3.下列命题中,正确的是(　　).

A.四棱柱是平行六面体

B.直平行六面体是长方体

C.六个面都是矩形的六面体是长方体

D.底面是矩形的四棱柱是长方体

4.下列说法中正确的是( ).

A.有2个面平行,其余各面都是梯形的几何体是棱台

B.多面体至少有3个面

C.各侧面都是正方形的四棱柱一定是正方体

D.九棱柱有9条侧棱,9个侧面,侧面为平行四边形

5.如图7.1.3所示,已知长方体 $ABCD-A_1B_1C_1D_1$,过 BC 和 AD 分别作一个平面交底面 $A_1B_1C_1D_1$ 于 EF,PQ,则长方体被分成的三个几何体中,棱柱的个数是_____.

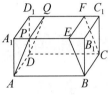

图7.1.3

6.有下列四个命题:

(1)有两个面平行,其余各面都是平行四边形的几何体叫作棱柱;

(2)有双侧面与底面垂直的棱柱是直棱柱;

(3)过斜棱柱的侧棱作棱柱的截面,所得图形不可能是矩形;

(4)所有侧面都是全等的矩形的四棱柱必然是正四棱柱.

其中正确命题的个数为( ).

A.0　　　　B.1　　　　C.2　　　　D.3

7.有四个命题:①底面是矩形的平行六面体是长方体;

②棱长相等的直四棱柱是正方体;

③有两条侧棱都垂直于底面一边的平行六面体是直平行六面体;

④对角线相等的平行六面体是直平行六面体.

其中真命题的个数是( ).

A.1　　　　B.2　　　　C.3　　　　D.4

8.若棱柱的侧面都是正方形,则此棱柱是( ).

A.正棱柱　　B.直棱柱　　C.正方体　　D.长方体

9.长方体长、宽、高的和为14,对角线长为8,则它的全面积为( ).

A.64　　　　B.196　　　　C.132　　　　D.128

10.已知:一个正四棱柱,底面是边长为10的正方形,高是20;求它的表面积和体积.

7.1.2 直观图的画法

知识要点梳理

1.斜二测画法.

我们常用斜二测画法画空间图形及水平放置的平面图形的直观图.斜二测画法是一种特殊的平行投影画法.

2.平面图形直观图的画法及要求(见图7.1.4)

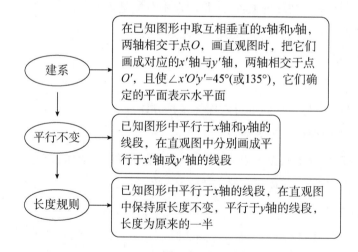

图 7.1.4

特别提醒:斜二测画法是联系直观图和原图形的桥梁,可根据它们之间的可逆关系寻找它们的联系;在求直观图的面积时,可根据斜二测画法,画出直观图,从而确定其高和底边.

典型例题剖析

画水平放置的正五边形的直观图.

解析 (1)建立如图 7.1.5(a)所示的直角坐标系 xOy,再建立如图 7.1.5(b)所示的坐标系 $x'O'y'$,使 $\angle x'O'y'=45°$.

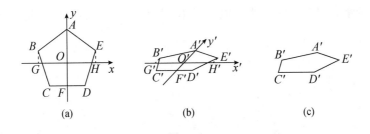

图 7.1.5

(2)在图 7.1.5(a)中作 $BG \perp x$ 轴于 G, $EH \perp x$ 轴于 H,在坐标系 $x'O'y'$ 中作 $O'H'=OH$, $O'G'=OG$, $O'A'=\dfrac{1}{2}OA$, $O'F'=\dfrac{1}{2}OF$.过 F' 作 $C'D' \parallel x'$ 轴,且 $C'F'=CF$, $F'D'=FD$.在平面 $x'O'y'$ 中,过 G' 作 $G'B' \parallel y'$ 轴,且 $G'B'=\dfrac{1}{2}GB$,过 H' 作 $H'E' \parallel y'$ 轴,且 $H'E'=\dfrac{1}{2}HE$.连接 $A'B'$, $B'C'$, $C'D'$, $D'E'$, $E'A'$,如图 7.1.5(b)所示.

(3)擦去辅助线,得五边形 $A'B'C'D'E'$ 为正五边形 $ABCDE$ 的直观图,如图 7.1.5(c)所示.

画正六棱柱(底面是正六边形,侧棱垂直于底面)的直观图.(底面边长尺寸不作要求,侧棱长为 1.5 cm)

方法指导 先画轴,再利用斜二测画法,画出两个底面,连线成图,擦去多余的线.

解析 (1)画轴.画 x' 轴、y' 轴、z' 轴,使 $\angle x'O'y'=45°$, $\angle x'O'z'=90°$.

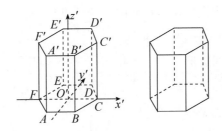

图 7.1.6

(2)画底面.根据 x' 轴、y' 轴,画正六边形的直观图 $ABCDEF$.

(3)画侧棱.过 A, B, C, D, E, F 各点分别作 z' 轴的平行线,在这些平行线上分别截取 AA'、BB'、CC'、DD'、EE'、FF' 都等于 1.5 cm.

(4)成图.顺次连接 A', B', C', D', E', F',去掉辅助线,将被遮挡的部分改为虚线,就得到正六棱柱的直观图.

课堂小测试

1. 如图 7.1.7 所示,已知△ABC 为等腰三角形,则下列四个图中,可能是△ABC 的直观图的是( ).

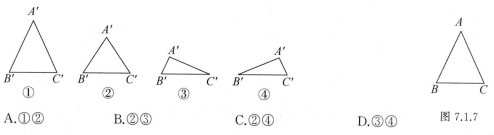

   A.①②　　　　　B.②③　　　　　C.②④　　　　　D.③④　　图 7.1.7

2. 梯形的直观图是( ).

   A.梯形　　　　　B.矩形　　　　　C.三角形　　　　D.任意四边形

3. 在用斜二测画法画水平放置的△ABC 时,若∠A 的两边平行于 x 轴、y 轴,则在直观图中,∠A′=_____.

4. 画出水平放置的四边形 OBCD(如图 7.1.8 所示)的直观图.

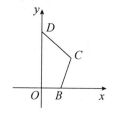

图 7.1.8

5. 关于斜二测画法所得直观图的说法正确的是( ).

   A.直角三角形的直观图仍是直角三角形

   B.梯形的直观图是平行四边形

   C.正方形的直观图是菱形

   D.平行四边形的直观图仍是平行四边形

7.1.3 棱锥

 知识要点梳理

1.棱锥的结构特征.

定义	有一个面是多边形,其余各面都是有一个公共顶点的三角形,由这些面所围成的多面体叫作棱锥
图示及相关概念	（图示）底面:多边形面. 侧面:有公共顶点的各个三角形面. 侧棱:相邻侧面的公共边. 顶点:各侧面的公共顶点
分类	按底面多边形的边数分:三棱锥、四棱锥……

2.棱锥的侧面积公式：$S = \dfrac{1}{2}ch'$；

棱锥的表侧面积公式：$S = \dfrac{1}{2}ch' + S_{底}$；

棱锥的体积公式：$V_{棱锥} = \dfrac{1}{3}S_{底}h$.

3.正棱锥的性质：

(1)各条侧棱相等,斜高相等,侧面是全等的等腰三角形；

(2)顶点到底面中心的连线垂直于底面,是正棱锥的高；

(3)正棱锥的高、斜高和斜高在底面上的投影构成一个直角三角形,正棱锥的高、侧棱、侧棱在底面的投影构成一个直角三角形.

 典型例题剖析

例1 下列关于棱锥的说法：

(1)用一个平面去截棱锥,底面和截面之间的部分组成的几何体叫棱台；

(2)棱锥的侧面一定不会是平行四边形；

(3)棱锥的侧面只能是三角形；

(4)由四个面围成的封闭图形只能是三棱锥；

(5)棱锥被平面截成的两部分不可能都是棱锥.

正确的是_____.

解析 (1)错误,若平面不与棱锥底面平行,用这个平面去截棱锥,棱锥底面和截面之间的部分不是棱台;

(2)正确,棱锥的侧面一定是三角形,而不是平行四边形;

(3)正确,由棱锥的定义知棱锥的侧面只能是三角形;

(4)正确,由四个面围成的封闭图形只能是三棱锥;

(5)错误,如图 7.1.9 所示的四棱锥被平面截成的两部分都是棱锥.

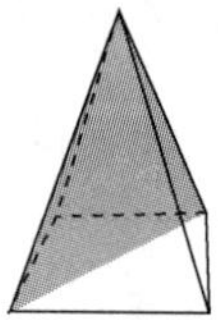

图 7.1.9

 课堂小测试

1.有一个多面体,共有四个面,每一个面都是三角形,则这个几何体为(　　).

　　A.四棱柱　　　　B.四棱锥　　　　C.三棱柱　　　　D.三棱锥

2.已知各面均为等边三角形的四面体的棱长为2,则它的表面积是(　　).

　　A.$2\sqrt{3}$　　　B.$4\sqrt{3}$　　　C.4　　　　D.6

3.棱长都是1的三棱锥的侧面积为(　　).

　　A.$\dfrac{3\sqrt{3}}{4}$　　B.$2\sqrt{3}$　　C.$3\sqrt{3}$　　D.$4\sqrt{3}$

4.已知一个正四棱锥的底面边长为2,高为$\sqrt{3}$,则该正四棱锥的表面积为_____.

5.设正六棱锥的底面边长为1,侧棱长为$\sqrt{5}$,那么它的体积为(　　).

　　A.$6\sqrt{3}$　　　B.$\sqrt{3}$　　　C.$2\sqrt{3}$　　　D.2

6.一个正四棱锥(底面是正方形,从顶点向底面引垂线,垂足是底面中心的四棱锥)的底面边长为 4 cm,高与斜高的夹角为30°,则正四棱锥的表面积为_____cm²;体积为_____cm³.

7.2　旋转体

 学习目标导航

1.通过对实物模型的观察,归纳认知圆柱、圆锥和球的结构特征.

2.能运用圆柱、圆锥和球的结构特征描述现实生活中简单物体的结构和进行有关计算.

3.通过对圆柱、圆锥和球的研究,掌握其表面积和体积的求法.

4.通过对空间几何体概念的学习,培养学生直观想象、逻辑推理的素养.

7.2.1 圆柱

知识要点梳理

1.定义.

以矩形的一条边所在直线为旋转轴,其余各边绕轴旋转所形成的封闭几何体称为圆柱.

旋转轴 OO' 称为圆柱的轴;

垂直于轴的边旋转形成的圆面称为圆柱的底面;

平行于轴的边称为圆柱的母线,如边 AA';

母线旋转而成的曲面称为圆柱的侧面;

两个底面圆心之间的距离称为圆柱的高.

通常用表示旋转轴的字母来表示圆柱,如下图的圆柱记为圆柱 OO'.

2.圆柱的性质:

(1)两个底面是半径相等且平行的圆面,平行于底面的横截面是与底面相同的圆;

(2)母线平行且相等,都等于圆柱的高;

(3)过轴的截面(轴截面)是长为圆柱的高、宽为底面的直径的矩形.

3.侧面积和表面积.

项目	图形	侧面积与表面积公式
圆柱		侧面积:$S_{侧} = \underline{2\pi rl}$ 表面积:$S = \underline{2\pi r(r+l)}$

4.体积 $V = Sh = \pi r^2 h$.

典型例题剖析

例1 如图 7.2.1 所示,在边长为 4 的正 $\triangle ABC$ 中,E,F 分别是 AB,AC 的中点,D 为 BC 的中点,H,G 分别是 BD,CD 的中点,若将正 $\triangle ABC$ 绕 AD 旋转 $180°$,求阴影部

分形成的几何体的表面积.

方法指导 先确定旋转体的类型,然后根据旋转体的表面积公式计算.

解析 该旋转体是一个圆锥挖去一个圆柱后形成的几何体.

令 $BD=R$,$HD=r$,$AB=l$,$EH=h$,

则 $R=2$,$r=1$,$l=4$,$h=\sqrt{3}$.

所以圆锥的表面积 $S_1=\pi R^2+\pi Rl=\pi\times 2^2+\pi\times 2\times 4=12\pi$,

圆柱的侧面积 $S_2=2\pi rh=2\pi\times 1\times\sqrt{3}=2\sqrt{3}\pi$.

所以所求几何体的表面积 $S=S_1+S_2=12\pi+2\sqrt{3}\pi=(12+2\sqrt{3})\pi$.

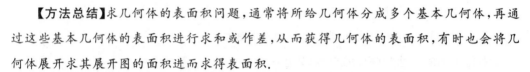

图 7.2.1

【**方法总结**】求几何体的表面积问题,通常将所给几何体分成多个基本几何体,再通过这些基本几何体的表面积进行求和或作差,从而获得几何体的表面积,有时也会将几何体展开求其展开图的面积进而求得表面积.

例 2 若已知健身哑铃大圆柱的底面半径为 6 cm,高为 2 cm,连杆圆柱的底面半径为 2 cm,哑铃的高为 12 cm.

(1)求该健身哑铃的体积;

(2)求该健身哑铃的表面积.

方法指导 (1)哑铃的体积等于两个大圆柱和一个连杆圆柱(位于中间部分)的体积之和(见图 7.2.2);

(2)哑铃的表面积等于两个大圆柱的表面积与连杆圆柱(位于中间部分)侧面积之和减去连杆圆柱两个底面积.

图 7.2.2

解析 (1)设该健身哑铃的体积为 V,则 $V=2V_{大圆柱}+V_{连杆}$,$2V_{大圆柱}=\pi\times 6^2\times 2\times 2=144\pi$ (cm³),$V_{连杆}=\pi\times 2^2\times(12-4)=32\pi$ (cm³),

因此该健身哑铃的体积 $V=144\pi+32\pi=176\pi$ (cm³).

(2)设该健身哑铃的表面积为 S,则 $S=2S_{大圆柱}-2S_{连杆底面}+S_{连杆侧面积}$,$2S_{大圆柱}=\pi\times 6^2\times 4+2\pi\times 6\times 2\times 2=192\pi$ (cm²),$2S_{连杆底面}=2\times\pi\times 2^2=8\pi$ (cm²),$S_{连杆侧面积}=2\pi\times 2\times(12-4)=32\pi$ (cm²),

则该健身哑铃的表面积 $S=192\pi-8\pi+32\pi=216\pi$ (cm²).

【**方法总结**】空间几何体体积问题的常见类型及解题策略:

(1)求简单几何体的体积,若所给的几何体为柱体、锥体或台体,则可直接利用公式求解.(2)求组合体的体积,可分割成几个简单几何体,再利用其公式求解.

课堂小测试

1. 一根长 2 m 的圆柱形钢材,如果把它截成 4 个小圆柱,这 4 个小圆柱的表面积和比原来增加 56.52 cm²,则圆柱形钢材的体积是(　　)cm³.
   A.1 884　　　B.3 140　　　C.125.6　　　D.157

2. 一个长 4 m 的圆柱形钢锭,沿着与横截面平行的方向截成 2 段,表面积增加 10 m²,原来钢锭的体积是(　　)m³.
   A.20　　　B.64　　　C.16　　　D.24

3. 一个圆柱、长方体、正方体的侧面积与高都相等,(　　)体积大.
   A.圆柱　　　B.长方体　　　C.正方体　　　D.一样大

4. 当一个圆柱的底面(　　)和高相等时,展开这个圆柱的侧面,可以得到一个正方形.
   A.直径　　　B.半径　　　C.周长

5. 圆柱的底面半径扩大 3 倍,高缩小 1/3,它的体积(　　).
   A.扩大 3 倍　　　B.缩小 1/3　　　C.扩大 9 倍　　　D.缩小 1/9

6. 圆柱的底面积缩小 1/4,高扩大 2 倍,它的体积就(　　).
   A.缩小 1/8　　　B.扩大 8 倍　　　C.缩小 1/2

7. 将圆柱的侧面展开,不可能得到的是(　　).
   A.平行四边形　　　B.长方形　　　C.正方形　　　D.扇形

8. 已知一个圆柱的侧面展开图是一个正方形,这个圆柱的表面积与侧面积的比是(　　).
   A.$\dfrac{1+2\pi}{2\pi}$　　　B.$\dfrac{1+4\pi}{4\pi}$　　　C.$\dfrac{1+2\pi}{\pi}$　　　D.$\dfrac{1+4\pi}{2\pi}$

9. 圆柱内有一个内接长方体 $ABCD-A_1B_1C_1D_1$,长方体的体对角线长是 $10\sqrt{2}$ cm,圆柱的侧面展开图为矩形,此矩形的面积是 100π cm²,则圆柱的底面半径为 _____ cm.

10. 做一种没有盖的圆柱形铁皮水桶,每个高 3 dm,底面直径 2 dm,做 50 个这样的水桶需多少平方米铁皮?

11.学校走廊上有10根圆柱形柱子,每根柱子底面半径是 4 dm,高是 2.5 dm,要用油漆涂这些柱子,每平方米用油漆 0.3 kg,共需要油漆多少千克?

12.一个底面周长是 43.96 cm,高为 8 cm 的圆柱,把它截成 4 个小的圆柱体,表面积增加了多少?

7.2.2 圆锥

知识要点梳理

1.定义.

以直角三角形的一条直角边所在直线为旋转轴,其余各边绕轴旋转形成的封闭几何体称为圆锥.旋转轴称为圆锥的轴,另一条直角边旋转所形成的圆面称为圆锥的底面,斜边旋转而成的曲面称为圆锥的侧面,这条斜边称为圆锥的母线,母线与轴的交点称为顶点.顶点到底面圆心的距离称为圆锥的高(见图 7.2.3、图 7.2.4).

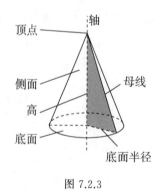

图 7.2.3

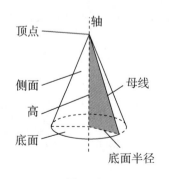

图 7.2.4

2.圆锥的性质:

(1)平行于底面的截面都是圆;

(2)高垂直于底面圆,且过圆心;

(3)轴截面为等腰三角形,高为圆锥的高,腰是圆锥的母线,底边是底面圆的直径.

3.圆锥的侧面积、表面积和体积.

项目	图形	侧面积与表面积公式
圆锥	(图)	侧面积:$S_{侧} = \underline{\pi r l}$ 表面积:$S = \underline{\pi r(r+l)}$

典型例题剖析

例1 在如图 7.2.5 所示的圆锥 SO 中,母线长为 4,且其侧面积为 8π.

(1)求该圆锥的体积;

(2)若 AB 为底面直径,点 P 为 SA 的中点,求圆锥面上点 P 到点 B 的最短距离.

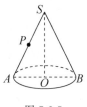

图 7.2.5

方法指导 (1)设底面圆半径为 r,周长为 l,利用扇形的面积公式求出底面半径,进而求出圆锥的高,利用圆锥的体积公式即可求解.(2)利用弧长公式求出侧面展开图的圆心角,利用两点之间线段最短即可求解.

解析 (1)如图 7.2.6 所示,设底面圆半径为 r,周长为 l,则 $l = 2\pi r$,

$S_{侧} = \dfrac{1}{2} l \cdot 4 = \dfrac{1}{2} \cdot 2\pi r \cdot 4 = 8\pi$,解得 $r = 2$,

所以 $SO = \sqrt{4^2 - 2^2} = 2\sqrt{3}$,

所以 $V_{圆锥} = \dfrac{1}{3} \cdot \pi r^2 \cdot SO = \dfrac{1}{3} \times \pi \times 4 \times 2\sqrt{3} = \dfrac{8\sqrt{3}\pi}{3}$.

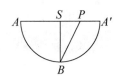

图 7.2.6

(2)将圆锥展开为扇形,设圆心角为 θ,$4\theta = 4\pi$,则 $\theta = \pi$,

所以圆锥面上点P到点B的最短距离为$\sqrt{4^2+2^2}=\sqrt{20}=2\sqrt{5}$.

课堂小测试

1. 若圆锥的高等于底面直径,则它的底面积与侧面积之比为（　　）.

 A.$1:2$　　　　B.$1:\sqrt{3}$　　　　C.$1:\sqrt{5}$　　　　D.$\sqrt{3}:2$

2. 已知圆锥的底面直径与高都是4,则该圆锥的侧面积为_____.

3. 已知底面半径为$\sqrt{3}$ cm,母线长为$\sqrt{6}$ cm的圆柱,挖去一个以圆柱上底面圆心为顶点,下底面为底面的圆锥,求所得几何体的表面积及体积.

4. 《九章算术》是我国古代内容极为丰富的数学名著,书中《商功》有如下问题:"今有委粟平地,下周一十二丈,高一丈,问积为粟几何?"意思是"有粟若干,堆积在平地上,它的底面圆周长为12丈,高为1丈,问它的体积和粟各为多少?"如图7.2.7所示,主人意欲卖掉该堆粟,已知圆周率约为3,一斛粟的体积约为2 700立方寸(单位换算:1立方丈$=10^6$立方寸),一斛粟米卖324钱,一两银子为1 000钱,则主人卖后可得银子（　　）.

图7.2.7

 A.200两　　　　B.400两　　　　C.432两　　　　D.480两

7.2.3　球

学习目标导航

1. 了解并掌握球的体积和表面积公式.

2. 会用球的体积与表面积公式解决实际问题.

3. 会解决球的切、接问题.

4. 通过学习球的表面积、体积公式,培养学生的逻辑推理、直观想象和数学运算等素养.

知识要点梳理

1. 定义.

一个半圆绕着它的直径所在的直线旋转一周,半圆弧线形成的曲面称为球面,球面所围成的几何体称为球体,简称球,半圆的圆心称为球心,连接球心和球面上任意一点的线段称为球的半径,通常用球心字母表示球,球心为 O 的球记为球 O (见图 7.2.8).

用一个平面去截球,截面是圆面,这个圆面称为球截面.经过球心的平面截球所得的圆称为球的大圆,不经过球心的平面截球所得的圆称为球的小圆.

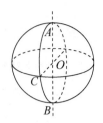

图 7.2.8

2.球的性质.

当球截面不经过球心时,球及球截面具有下列性质:

(1)球截面的圆心与球心的连线垂直于球截面;

(2)球心到球截面圆心的连线 OO' 的长为 d,球的半径为 R,球截面的半径为 r,则有
$$r=\sqrt{R^2-d^2}.$$

3.球的表面积.

设球的半径为 R,则球的表面积 $S=4\pi R^2$,即球的表面积等于它的大圆面积的 4 倍.

4.球的体积. $V=\dfrac{4}{3}\pi R^3$.

典型例题剖析

例1

(1)已知球的表面积为 64π,求它的体积;

(2)已知球的体积为 $\dfrac{500}{3}\pi$,求它的表面积.

解析 (1)设球的半径为 r,则由已知得 $4\pi r^2=64\pi$,解得 $r=4$.

所以球的体积 $V=\dfrac{4}{3}\pi r^3=\dfrac{256}{3}\pi$.

(2)设球的半径为 R,由已知得 $\dfrac{4}{3}\pi R^3=\dfrac{500}{3}\pi$,所以 $R=5$,

所以球的表面积 $S=4\pi R^2=4\pi\times 5^2=100\pi$.

【**方法总结**】要求球的体积或表面积,必须知道半径 R 或者通过条件能求出半径 R,然后代入体积或表面积公式求解.

例2 将棱长为 2 的正方体木块削成一个体积最大的球,则该球的体积为( ).

A. $\dfrac{4\pi}{3}$ B. $\dfrac{\sqrt{2}\pi}{3}$ C. $\dfrac{\sqrt{3}\pi}{2}$ D. $\dfrac{\pi}{6}$

解析 由题意知,此球是正方体的内切球,根据其几何特征知,此球的直径与正方体的棱长是相等的,故可得球的直径为 2,所以球的半径为 1,其体积是 $\dfrac{4}{3}\times\pi\times 1^3=\dfrac{4\pi}{3}$.

课堂小测试

1. (1) 两个球的半径相差 1, 表面积之差为 28π, 求它们的体积之和;

   (2) 已知球的大圆周长为 16π cm, 求这个球的表面积.

2. 将棱长为 2 的正方体木块削成一个体积最大的球, 则该球的体积为(　　).

   A. $\dfrac{4\pi}{3}$　　　　B. $\dfrac{\sqrt{2}\pi}{3}$　　　　C. $\dfrac{\sqrt{3}\pi}{2}$　　　　D. $\dfrac{\pi}{6}$

3. 正四棱锥的顶点都在同一球面上, 若该棱锥的高为 4, 底面边长为 2, 则该球的表面积为(　　).

   A. $\dfrac{81\pi}{4}$　　　　B. 16π　　　　C. 9π　　　　D. $\dfrac{27\pi}{4}$

4. 一个正方体的八个顶点都在体积为 $\dfrac{4}{3}\pi$ 的球面上, 则正方体的表面积为 _____.

5. (1) 已知球的直径为 2, 求它的表面积和体积;

   (2) 已知球的体积为 $\dfrac{108\pi}{3}$, 求它的表面积.

6. 如果两个球的半径之比为 $1:3$, 那么这两个球的表面积之比为(　　).

   A. $1:9$　　　　B. $1:27$　　　　C. $1:3$　　　　D. $1:1$

7. 把半径分别为 6 cm, 8 cm, 10 cm 的三个铁球熔成一个大铁球, 这个大铁球的半径为(　　).

   A. 13 cm　　　　B. 16 cm　　　　C. 18 cm　　　　D. 12 cm

8. 已知一个表面积为 24 的正方体, 假设有一个与该正方体每条棱都相切的球, 则此球的体积为(　　).

   A. $\dfrac{4\pi}{3}$　　　　B. $4\sqrt{3}\pi$　　　　C. $\dfrac{24\sqrt{6}\pi}{3}$　　　　D. $\dfrac{8\sqrt{2}\pi}{3}$

9. 一平面截一球得到直径为 $2\sqrt{5}$ cm 的圆面, 球心到这个平面的距离是 2 cm, 则该球的体积是(　　).

   A. 12π cm³　　　　B. 36π cm³　　　　C. $64\sqrt{6}\pi$ cm³　　　　D. 108π cm³

10. 某组合体的直观图如图 7.2.9 所示, 它的中间为圆柱形, 左右两端均为半球形, 若图中 $r=1, l=3$, 试求该组合体的表面积和体积.

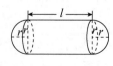

图 7.2.9

11.已知底面边长为1,侧棱长为$\sqrt{2}$的正四棱柱的各顶点均在同一个球面上,则该球的体积为( ).

A.$\dfrac{32\pi}{3}$ B.4π C.2π D.$\dfrac{4\pi}{3}$

12.如图7.2.10所示,一个圆柱的底面半径为$\sqrt{3}$,高为2,若它的两个底面圆周均在球O的球面上,则球O的表面积为( ).

A.$\dfrac{32\pi}{3}$ B.16π

C.8π D.4π

图7.2.10

13.一个球与一个正三棱柱(底面为等边三角形,侧棱与底面垂直)的两个底面和三个侧面都相切.若棱柱的体积为$48\sqrt{3}$,则球的表面积为_____.

14.若一个底面边长为$\dfrac{\sqrt{6}}{2}$,侧棱长为$\sqrt{6}$的正六棱柱的所有顶点都在一个球面上,求该球的体积和表面积.

7.3 简单几何体的三视图

学习目标导航

1.了解各个视图之间的尺寸关系;长对正、高平齐、宽相等.

2.能利用正投影绘制简单组合体的三视图,并根据所给的三视图说出该几何体由哪些简单几何体构成.

知识要点梳理

1.三视图的概念:

主视图:光线从几何体的前面向后面正投影得到的投影图;

左视图:光线从几何体的左面向右面正投影得到的投影图;

俯视图:光线从几何体的上面向下面正投影得到的投影图.

几何体的正视图、侧视图和俯视图统称为几何体的三视图.

2.画三视图时,首先确定主视图的位置,画出主视图,然后在主视图的下面画出俯视图,在主视图的右面画出左视图。具体步骤如下:

(1)确定视图方向;

(2)先画出能反映物体真实形状的一个视图;

(3)运用长对正、高平齐、宽相等的原则画出其他视图;

(4)检查,加深,加粗.

友情提示:(1)主视图反映物体的长和高,俯视图反映物体的长和宽,左视图反映物体的高和宽.因此,画三视图时,主、俯视图要长对正,主、左视图要高平齐,左、俯视图要宽相等.

(2)看得见部分的轮廓线通常画成实线,看不见部分的轮廓线通常画成虚线.

(3)各种物体一般是由一些基本几何体(柱体、锥体、球等)组合或切割而成的,因此会画、会看基本几何体的视图是非常必要的.

3.在三视图中要注意:

(1)遵守长对正、高平齐、宽相等的规律;

(2)三视图的主视图反映上下、左右关系,俯视图反映前后、左右关系,左视图反映前后、上下关系,方位不能错.

典型例题剖析

例1 如图 7.3.1 所示,讲台上放着一本书,书上放着一个粉笔盒,指出图 7.3.2 中的三视图分别是哪种视图。

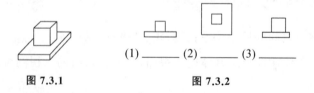

分析:做此题最好是准备实物进行观察后,再作出判断.

解:(1)左视图;(2)俯视图;(3)正试图.

点拨:本题考查三种视图的定义,要发挥空间想象力才能作出正确判断.

例2 画出下列几何体的三视图.

方法指导：画三视图之前，先把几何体的结构弄清楚（见图 7.3.3）.

图 7.3.3

解析 见图 7.3.4.

图 7.3.4

例 3 如图 7.3.5 所示：设所给的方向为物体的正前方，试画出它的三视图（单位：cm）.

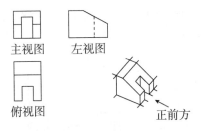

图 7.3.5

例 4 根据下列三视图，说出立体图形的形状（见图 7.3.6）.

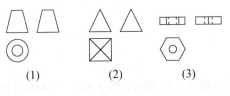

(1)　　　　(2)　　　　(3)

图 7.3.6

解析：(1)圆台；(2)正四棱锥；(3)螺帽.

 课堂小测试

1.下列几何体各自的三视图中（见图 7.3.7），有且仅有两个视图相同的是（　　）.

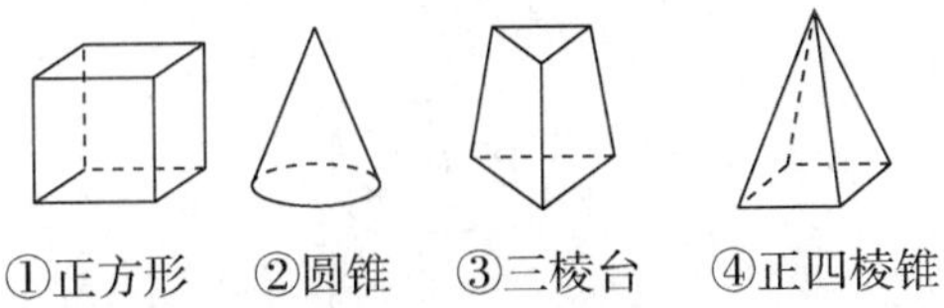

①正方形　②圆锥　③三棱台　④正四棱锥

图 7.3.7

A.①②　　　　　　B.①③　　　　　　C.①④　　　　　　D.②④

2.如图 7.3.8 所示,△ABC 为三角形,$AA'//BB'//CC'$,$CC'\perp$平面 ABC 且 $3AA'=\frac{3}{2}BB'=CC'=AB$,则多面体 $\triangle ABC-A'B'C'$ 的正视图(也称主视图)是(　　).

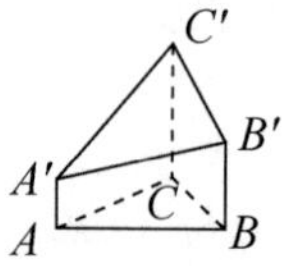

图 7.3.8

A. 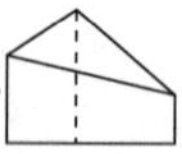　　　　　　　　　　　　B.

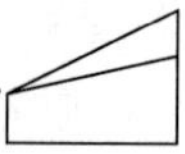

C. 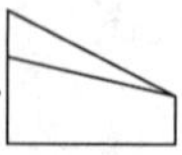　　　　　　　　　　　　D.

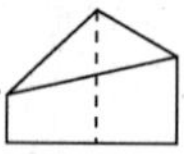

3.一个长方体去掉一个小长方体,所得几何体的正(主)视图与侧(左)视图分别如图 7.3.9 所示,则该几何体的俯视图为(　　).

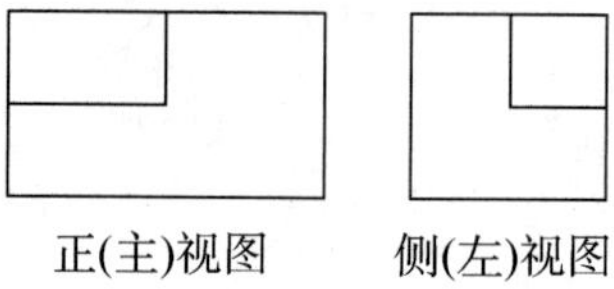

正(主)视图　　侧(左)视图

图 7.3.9

A. 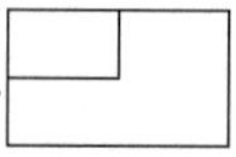　　　　　　　　　　　　B.

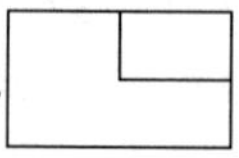

C. 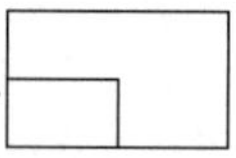　　　　　　　　　　　　D.

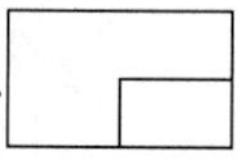

4.假设某几何体的三视图如图 7.3.10 所示,那么那个几何体的直观图能够是(　　).

正视图　侧视图

俯视图

图 7.3.10

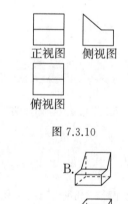

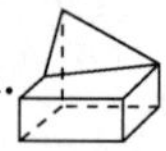

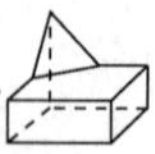

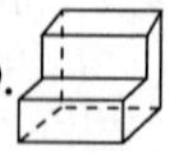

5.图 7.3.11 所示为某个几何体的三视图,该几何体是( ).

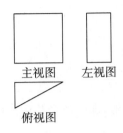

图 7.3.11

A.长方体　　　　B.正方体　　　　C.圆柱　　　　D.三棱柱

6.一个长方体的左视图、俯视图及相关数据如图 7.3.12 所示,则其主视图的面积为( ).

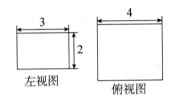

图 7.3.12

A.6　　　　B.8　　　　C.12　　　　D.24

7.一个几何体的三视图如图 7.3.13 所示,则这个几何体是( ).

图 7.3.13

A.四棱锥　　　　B.四棱柱　　　　C.三棱锥　　　　D.三棱柱

8.在一个几何体的三视图中,正视图和俯视图如图 7.3.14 所示,那么相应的侧视图可以为( ).

图 7.3.14

A. 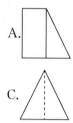 B.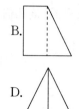

C. D.

9. 一个几何体的正视图为一个三角形,那么那个几何体可能是以下几何体中的_____.
（填入所有可能的几何体前的编号）

①三棱锥　②四棱锥　③三棱柱　④四棱柱　⑤圆锥　⑥圆柱

10. 根据三视图（见图 7.3.15）想象物体的形状_____.

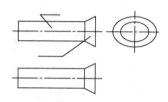

图 7.3.15

11. 将如图 7.3.16 所示的一个直角三角形 ABC（∠C＝90°）绕斜边 AB 旋转一周,所得到的几何体的正视图是下面四个图形中的(　　).

图 7.3.16

A. 　B. 　C. 　D.

12. 请补全三视图（见图 7.3.17）中所缺的两条图线。

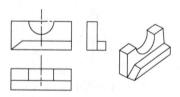

图 7.3.17

13.画出下面几何体的三视图(见图 7.3.18、图 7.3.19)。

图 7.3.18　三通水管

图 7.3.19　马蹄形磁铁

第8章 概率与统计初步

知识构架

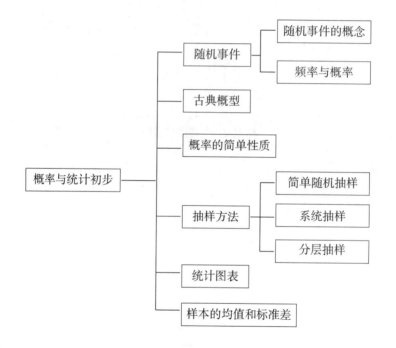

8.1 随机事件

8.1.1 随机事件的概率

学习目标导航

1. 了解随机现象和随机试验的概念,掌握样本空间的概念.
2. 了解必然事件,不可能事件,随机事件的概念.
3. 学会写出随机试验的样本空间.

知识要点梳理

1.随机现象:事前不能完全确定,事后会出现各种可能结果之一的现象.

2.随机试验:试验的结果不能预测,但一切可能出现的结果是可以知道的试验.

3.样本空间:一个随机试验的一切可能结果构成的集合.通常用大写希腊字母 Ω 表示.

4.基本事件:样本空间的元素(随机试验每一个可能出现的结果),通常用小写希腊字母 ω 表示.

5.随机事件:样本空间的任一个子集(在一定条件下可能发生也可能不发生的事件)简称事件,通常用大写英文字母 A、B、C 等表示.

6.两个特殊的事件:必然事件和不可能事件.

样本空间本身表示的事件:在一定的条件下必然发生的事件是必然事件.

空集 Φ 表示的事件:在一定的条件下不可能发生的事件是不可能事件.

典型例题剖析

例1 下列事件中的随机事件为( ).

A.若 a,b,c 都是实数,则 $a(bc)=(ab)c$

B.没有水和空气,人也可以生存下去

C.抛掷一枚硬币,反面向上

D.在标准大气压下,温度达到 60℃ 时水沸腾

解析 A 中的等式是实数乘法的结合律,对任意实数 a,b,c 是恒成立的,故 A 是必然事件.在没有空气和水的条件下,人是绝对不能生存下去的,故 B 是不可能事件.抛掷一枚硬币时,在没得到结果之前,并不知道会是正面向上还是反面向上,故 C 是随机事件.在标准大气压的条件下,只有温度达到 100 ℃,水才会沸腾,当温度是 60 ℃ 时,水是绝对不会沸腾的,故 D 是不可能事件.

例2 连续掷 3 枚硬币:

(1)写出这一试验的样本空间;

(2)求这个试验的基本事件的个数;

(3)"恰有两枚正面向上"这一事件包含哪几个基本事件?

解析 (1)$\Omega=\{$正,正,正$\}$,$\{$正,反,正$\}$,$\{$正,正,反$\}$,$\{$正,反,反$\}$,$\{$反,正,正$\}$,$\{$反,反,正$\}$,$\{$反,正,反$\}$,$\{$反,反,反$\}$;

(2)基本事件的个数是8;

(3)"恰有两枚正面向上"包含以下三个基本事件:

{正,反,正},{正,正,反},{反,正,正}.

课堂小测试

一、选择题

1.下列现象不是随机现象的是(　　).

　A.种子播种到田地里发芽　　　　B.明天下雨

　C.买一张奖券中奖　　　　　　　D.小明身高1米7

2.一个袋中装有大小与形状都相同的一个白球和一个红球,则事件"从袋中任意摸出一球,摸到红球"是(　　).

　A.必然事件　　B.不可能事件　　C.随机事件　　D.无法确定

3.某校高一年级要组建数学、计算机、航空模型三个兴趣小组,某学生只选报其中的2个,则试验的样本点共有(　　).

　A.1个　　　B.2个　　　C.3个　　　D.4个

4.下列事件中,随机事件的个数为(　　)

①三角形内角和为180°;②三角形中大边对大角,大角对大边;③三角形中两个内角和小于90°;④三角形中任意两边的和大于第三边.

　A.1　　　B.2　　　C.3　　　D.4

5.从一副扑克牌中选出5张红桃,4张梅花,3张黑桃放在一起,洗匀后,从中任抽取10张,恰好黑桃,梅花,红桃三种牌都有,这个事件为(　　).

　A.不可能事件　　　　　　B.随机事件

　C.必然事件　　　　　　　D.无法判定

6.下列事件为必然事件的是(　　).

　A.在标准大气压下,水在-6℃结冰

　B.某人在3 min内步行走完15 000 m

　C.一天中,所有机场的航班全部正点起飞

　D.某人外出旅游,得了流感

二、填空题

7.在基本条件相同的情况下,可能出现不同的结果,究竟出现哪一种结果,随"机遇"而定,带有偶然性,这种现象称为_____现象.

8. 在随机试验中,如果一件事件可能发生,也可能不发生,则此事件为_____,在一定条件下,必然会发生的事件称为_____,一定不发生的事件为_____.

9. 条件:从 10 只杯子(8 只正品,2 只次品)中,任意抽取 3 只:

   事件 A:取出的 3 只中,至少有 1 只是正品;

   事件 B:取出的 3 只中,每 1 只都是次品;

   事件 C:取出的 3 只中,有 1 只正品 2 只次品;

   事件 D:取出的 3 只中,有 2 只正品,1 只次品.

   试判断:_____是必然事件;_____是不可能事件;_____是随机事件.

10. 条件:某运动员在操场上掷一次铁饼,

    事件 A:铁饼落在距投掷线 40 m 处;事件 B:铁饼飞离地球;

    事件 C:铁饼砸入地下 10 m 处;事件 D:铁饼投出安全区.

    试判断:_____是不可能事件;_____是随机事件.

三、解答题

11. 已知集合 $M=\{-2,3\}$,$N=\{-4,5,6\}$,从两个集合中各取一个元素作为点的坐标.

    (1)写出这个试验的样本空间;

    (2)求这个试验样本点的总数;

    (3)写出"第一象限内的点"所包含的样本点.

12. 下列随机事件中,一次试验各指什么?试写出试验的样本空间.

(1) 先后抛掷两枚质地均匀的硬币多次;

(2) 从集合 $A=\{a,b,c,d\}$ 中任取 3 个元素.

13. 先后两次掷一个均匀的骰子,观察朝上的点数.

(1) 写出对应的样本空间;

(2) 用集合表示事件 A:点数之和为 3;事件 B:点数之和不超过 4.

8.1.2 频率与概率

学习目标导航

知道频率与概率的区别与联系

知识要点梳理

1. 频率：在 n 次重复试验中，事件 A 发生了 m 次，m 叫作事件 A 发生的频数，事件 A 的频数在试验的总次数中所占的比例 $\dfrac{m}{n}$ 叫作事件 A 发生的频率.

2. 用频率估计概率.

一般地，在大量重复试验中，如果事件 A 发生的频率会稳定在某一个常数 p 的附近，那么事件 A 发生的概率 $P(A)=p$，其中 $0 \leqslant p \leqslant 1$.

条件是：在同等条件下，需要做大量的重复试验.

关键是：通过大量重复试验找出频率的稳定值.

典型例题剖析

例1 绿豆在相同条件下的发芽试验，结果如下表所示：

每批粒数 n	100	300	400	600	1 000	2 000	3 000
发芽的粒数 m	96	282	382	570	948	1 912	2 850
发芽的频率 $=\dfrac{m}{n}$	0.960	0.940	0.955	0.950	0.948	0.956	0.950

则绿豆发芽的概率估计值是（　　）．

A.0.96　　　　B.0.95　　　　C.0.94　　　　D.0.90

解析 考查利用频率估计概率，大量反复试验下频率稳定值即概率，频率＝频数与总情况数之比．

例2 一个不透明的口袋中放有若干只红球和白球，这两种球除了颜色以外没有任何其他区别，将袋中的球摇均匀．每次从口袋中取出一只球记录颜色后放回再摇均匀，经过大量的试验，得到取出红球的频率是 $\dfrac{1}{4}$．

求：(1)取出白球的概率是多少？

(2)如果袋中的白球有 18 只，那么袋中的红球有多少只？

解析 (1)利用频率估计概率的方法，得知取出红球的概率为 $\dfrac{1}{4}$，同时互为对立事件的两个事件概率之和为 1，求出取出白球的概率．(2)根据概率公式，设红球有 x 只，列分式方程得 $\dfrac{x}{x+18}=\dfrac{1}{4}$，进行解答．

课堂小测试

一、选择题

1. 在一个不透明的布袋中,红球、黑球、白球共有若干个,除颜色外,形状、大小、质地等完全相同,小新从布袋中随机摸出一球,记下颜色后放回布袋中,摇匀后再随机摸出一球,记下颜色,…,如此大量摸球试验后,小新发现其中摸出红球的频率稳定于20%,摸出黑球的频率稳定于50%,对此试验,他总结出下列结论:①若进行大量摸球试验,摸出白球的频率稳定于30%;②若从布袋中任意摸出一个球,该球是黑球的概率最大;③若再摸球100次,必有20次摸出的是红球.其中说法正确的是(   ).

    A.①②③　　　B.①②　　　C.①③　　　D.②③

2. 一个不透明的袋子里有若干个小球,它们除了颜色外,其他都相同,甲同学从袋子里随机摸出一个球,记下颜色后放回袋子里,摇匀后再次随机摸出一个球,记下颜色,…,甲同学反复大量试验后,根据白球出现的频率绘制了如图所示的统计图,则下列说法正确的是(   ).

    A.袋子一定有3个白球

    B.袋子中白球占小球总数的3/10

    C.再摸3次球,一定有一次是白球

    D.再摸1 000次,摸出白球的次数会接近330次

    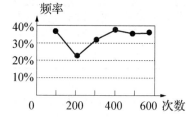

3. 给出以下结论,错误的有(   ).

    ①如果一件事发生的机会只有十万分之一,那么它就不可能发生.②如果一件事发生的机会达到99.5%,那么它就必然发生.③如果一件事不是不可能发生的,那么它就必然发生.④如果一件事不是必然发生的,那么它就不可能发生.

    A.1个　　　B.2个　　　C.3个　　　D.4个

4. 一位保险推销员对人们说:"人有可能得病,也有可能不得病,因此,得病与不得病的概率各占50%."他的说法(   ).

    A.正确　　　　　　　　　　B.不正确

    C.有时正确,有时不正确　　D.应由气候等条件确定

5. 某位同学一次掷出3个骰子,3个全是"6"的事件是(   ).

    A.不可能事件　　　　　　　B.必然事件

    C.不确定事件可能性较大　　D.不确定事件可能性较小

6. 某厂生产的2 000件产品中,有不合格产品 m 件,今分10次各抽取50件产品进行

检测,平均有不合格产品 1 件,对 m 的叙述正确的是( ).

A.$m=40$ B.$m\neq 40$

C.m 的值应在 40 左右 D.无法确定

二、填空题

7.在一个不透明的布袋中,红色、黑色、白色的玻璃球共有 50 个,除颜色外,形状、大小、质地完全相同.小刚通过多次摸球试验后发现其中摸到红色、黑色球的频率分别稳定在 20% 和 40%,则布袋中白色球的个数很可能是_____个.

8.姚同学在某段时间内进行定点投篮训练,其成绩如下表所示:

投篮次数	10	100	10 000
投中次数	9	89	9 012

试估计姚同学在这段时间内定点投篮投中的概率_____(精确到 0.1).

9.频数和频率都能反映一个对象在试验总次数中出现的频繁程度,我认为:

(1)频数和频率间的关系是_____.(2)每个试验结果出现的频数之和等于_____.

(3)每个试验结果出现的频率之和等于_____.

10.表中是一个机器人做 9 999 次"抛硬币"游戏时记录下的出现正面的频数和频率.

抛掷结果	5 次	50 次	300 次	800 次	3 200 次	6 000 次	9 999 次
出现正面的频数	1	31	135	408	1 580	2 980	5 006
出现正面的频率	20%	62%	45%	51%	49.4%	49.7%	50.1%

(1)由这张频数和频率表可知,机器人抛掷完 5 次时,得到 1 次正面,正面出现的频率是 20%,也就是说机器人抛掷完 5 次时,得到_____次反面,反面出现的频率是_____.

(2)由这张频数和频率表可知,机器人抛掷完 9 999 次时,得到_____次正面,正面出现的频率是_____.也就是说机器人抛掷完 9 999 次时,得到_____次反面,反面出现的频率是_____.

三、解答题

11.已知一口袋中放有黑白两种颜色的球,其中黑色球 6 个,白色球若干,为了估算白球的个数,可以每次从中取出一球,共取 50 次,如果其中有白球 45 个,则可估算其中白球个数为多少?简要说出你的计算过程.

12. 某商场为了吸引顾客,举行抽奖活动,并规定:顾客每购买 100 元的商品,就可随机抽取一张奖券,抽得奖券"紫气东来""花开富贵""吉星高照",就可以分别获得 100 元、50 元、20 元的购物券,抽得"谢谢惠顾"不赠购物券;如果顾客不愿意抽奖,可以直接获得购物券 10 元.小明购买了 100 元的商品,他看到商场公布的前 10 000 张奖券的抽奖结果如下:

奖券种类	紫气东来	花开富贵	吉星高照	谢谢惠顾
出现张数/张	500	1 000	2 000	6 500

(1)求"紫气东来"奖券出现的频率;

(2)请你帮助小明判断,抽奖和直接获得购物券,哪种方式更合算,并说明理由.

13. 在一个不透明的口袋里装有仅颜色不同的黑、白两种颜色的球共 20 只,某学习小组做摸球试验,将球搅匀后从中随机摸出一个球记下颜色,再把它放回袋中,不断重复.下表是活动进行中的一组统计数据:

摸球的次数 n	100	150	200	500	800	1 000
摸到白球的次数 m	58	96	116	295	484	601
摸到白球的频率 $\dfrac{m}{n}$	0.58	0.64	0.58	0.59	0.605	0.601

(1)请估计:当 n 很大时,摸到白球的频率将会接近_____;

(2)假如你去摸一次,你摸到白球的概率是_____,摸到黑球的概率是_____;

(3)试估算口袋中黑、白两种颜色的球各有多少只.

(4)解决了上面的问题,小明同学猛然顿悟,过去一个悬而未决的问题有办法了.这个问题是:在一个不透明的口袋里装有若干个白球,在不允许将球倒出来数的情况下,如何估计白球的个数(可以借助其他工具及用品)?请你应用统计和概率的思想和方法解决这个问题,写出解决这个问题的主要步骤及估算方法.

8.2 古典概型

学习目标导航

1. 了解古典概型的含义,理解古典概型公式并能运用它求出简单随机事件的概率;
2. 会应用古典概型的概率公式解决实际问题.

知识要点梳理

1. 古典概型.

具有以下两个特点的概率模型称为古典概率模型,简称古典概型.

(1)试验的所有可能结果只有有限个,每次试验只出现其中的一个结果.

(2)每一个试验结果出现的可能性相等.

2. 古典概型的概率公式:

$$P(A)=\frac{\text{事件}A\text{包含的样本点个数}}{\text{样本空间}\Omega\text{包含的样本点总数}}.$$

典型例题剖析

例1 连续掷 3 枚硬币,观察落地后这 3 枚硬币出现正面还是反面.

(1)写出这个试验的基本事件;

(2)求这个试验的基本事件的总数;

(3)"恰有两枚正面向上"这一事件包含哪几个基本事件?

解析 (1)这个试验的基本事件 $\Omega=\{(正,正,正),(正,正,反),(正,反,正),(正,反,反),(反,正,正),(反,正,反),(反,反,正),(反,反,反)\}$.

(2)基本事件的总数是 8.

(3)"恰有两枚正面向上"包含以下 3 个基本事件:(正,正,反),(正,反,正),(反,正,正).

例2 抛掷两颗骰子,求:

(1)点数之和为 7 的概率;

(2)出现两个 4 点的概率.

解析 在古典概型下求 $P(A)$,关键要找出 A 所包含的基本事件个数,然后套用

公式
$$P(A) = \frac{\text{事件 } A \text{ 包含基本事件的个数 } m}{\text{基本事件的总数 } n}.$$

作图,从图 8.2.1 中容易看出基本事件空间与点集 $S=\{(x,y) \mid x \in \mathbf{N}, y \in \mathbf{N}, 1 \leqslant x \leqslant 6, 1 \leqslant y \leqslant 6\}$ 中的元素一一对应.因为 S 中点的总数是 $6 \times 6 = 36$(个),所以基本事件总数 $n=36$.

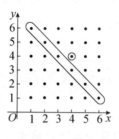

图 8.2.1

(1)记"点数之和为 7"的事件为 A,从图中可看到事件 A 包含的基本事件数共 6 个:$(6,1),(5,2),(4,3),(3,4),(2,5),(1,6)$,所以,$P(A)=\dfrac{6}{36}=\dfrac{1}{6}$.

(2)记"出现两个 4 点"的事件为 B,则从图中可看到事件 B 包含的基本事件数只有 1 个:$(4,4)$.所以,$P(B)=\dfrac{1}{36}$.

 课堂小测试

一、选择题

1.某乐队有 11 名乐师,其中男乐师 7 人,现从该乐队选出一名指挥,则选出的指挥为女乐师的概率为(   ).

A.$\dfrac{7}{11}$ B.$\dfrac{1}{4}$ C.$\dfrac{4}{7}$ D.$\dfrac{4}{11}$

2.从 3 名学生中选出 2 名参加数学趣味小组,则这个事件的基本事件总数是(   ).

A.2   B.3   C.5   D.6

3.4 张卡片上分别写有数字 1,2,3,4,从这 4 张卡片中随机抽取 2 张,则取出的 2 张卡片上的数字之和为奇数的概率为(   ).

A.$\dfrac{1}{3}$ B.$\dfrac{1}{2}$ C.$\dfrac{2}{3}$ D.$\dfrac{3}{4}$

4.盒子中有 10 个大小相同的小球,其中有 6 个红球,3 个绿球和一个黄球,从中任意摸出一个球,它不是红球的概率为(   ).

A. $\dfrac{1}{5}$ B. $\dfrac{2}{5}$ C. $\dfrac{3}{5}$ D. $\dfrac{7}{10}$

5.抛掷两枚硬币,都是正面向上的概率是( ).

A. $\dfrac{1}{2}$ B. $\dfrac{1}{6}$ C. $\dfrac{1}{4}$ D.1

6.抛掷两枚骰子,点数之和为11的概率是( ).

A. $\dfrac{1}{6}$ B. $\dfrac{1}{36}$ C. $\dfrac{1}{18}$ D. $\dfrac{1}{9}$

二、填空题

7.甲、乙、丙三名同学站成一排,甲站在中间的概率是_____.

8.从 1,2,3,4,5,6 这 6 个数字中,任取 2 个数字相加,其和为偶数的概率是_____.

9.随意安排甲、乙、丙 3 人在 3 天节日中值班,每人值班一天,甲排在乙之前的概率是_____.

10.某一部四册的小说,任意排放在书架的同一层上,则各册自左到右或自右到左的顺序恰好为第1,2,3,4册的概率等于_____.

11.从 3 名学生中选出 2 名参加语文、数学趣味小组,则此事件的基本事件总数是_____.

12.从 1、2、3、…、100 这 100 个数中任选一个数,那么这个数恰是奇数的概率为_____.

13.随意安排甲、乙二人在二天节日中值班,每人值班一天,则甲排在乙前的概率为_____.

14.从 6 名男生 2 名女生中任选两人,则至少有一名女生被选中的概率为_____.

15.抛掷两枚骰子,点数之和为 7 或 9 的概率为_____.

16.从 100 张卡片(从 1 号到 100 号)中任取一张,取到的卡号是 7 的倍数的概率为_____.

17.某盒子中有质地均匀的 36 个棋子,其中 26 个白子,10 个黑子,从盒子中任取一个棋子,则取到白子的概率为_____.

18.十个人站成一排,其中甲、乙、丙三人彼此不相邻的概率为_____.

三、解答题

19.袋中有大小相同标号不同的白球 2 个,黑球 1 个,从中不放回地每次取 1 个球,连续取 2 次,试求:

(1)共有多少种不同的结果；

(2)第一次取到黑球的概率；

(3)第一次取到白球的概率；

(4)第二次取到黑球的概率.

20.从 1,2,3,4,5,6 六个数字中任取两个数,计算它们都是偶数的概率.

21.将骰子先后抛掷 2 次,(1)一共有多少种不同的结果？(2)向上的数之和是 5 的概率为多少？

22.从甲、乙、丙三人中任选两名代表,写出所有基本事件,并求甲被选上的概率.

23.在10张奖券中,有1张一等奖,2张二等奖,从中抽取1张,求中奖的概率.

24.某同学上学路上要经过两个设有红绿灯的十字路口,则该同学遇到红绿灯的情况有哪几种?该同学在上学路上一路绿灯的概率为多少?

25.一次数学竞赛,某校有400名学生参加,抽出20名学生的数学成绩如下:
85,75,89,90,85,78,94,88,83,66,
72,71,85,86,96,80,98,87,62,92.

(1)填写下面的频率分布表.

分组	频数累计	频数	频率
60.5~70.5			
70.5~80.5			
80.5~90.5			
90.5~100.5			
合计			

(2)根据上表估计:全校400名学生中,成绩在80分以上的人数约为多少?占多大比例?

解.

(2)成绩80分以上约为260人,占全校的65%.

26.已知一个样本

25,21,23,25,27,29,25,28,30,29,26,24,25,27,26,22,24,25,26,28.

(1)列频率分布表,画频率分布直方图.

(2)说明频率分布表中频率之和为什么等于1.

(3)根据频率分布表指出样本数据落在哪个范围内最多,哪个范围内最少.

(4)样本数据落在22.5～24.5范围内的占总数据的百分比为多少?

27.某班同学参加公民道德知识竞赛,将竞赛所得成绩(得分取整数)进行整理后分成五组,并绘制成频率分布直方图(如图8.2.2所示),请结合直方图提供的信息,解答下列问题:

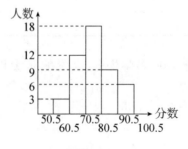

图8.2.2

(1)该班共有多少名学生?

(2)60.5~70.5 这一分数段的频数、频率分别是多少?

(3)这次竞赛成绩的中位数落在哪个分数段内?

(4)根据统计图,提出一个问题,并回答你所提出的问题.

8.3 概率的简单性质

学习目标导航

1.掌握互斥事件的概率及互斥事件的加法公式.

2.灵活应用概率公式解决一些问题.

3.理解并掌握当 A,B 互斥时"事件 $A \cup B$"的含义,了解两个互斥事件的概率加法公式,会应用所学知识解决一些简单的实际问题.

知识要点梳理

1.不可能同时发生的两个事件叫作互斥(或互不相容)事件.

2.事件 C 发生,就意味着事件 A 与事件 B 中至少有一个发生,这时把事件 C 叫作事件 A 与事件 B 的和事件,记作 $C = A \cup B$.

3.一般地,对于互斥事件 A 和 B,有公式 $P(A \cup B) = P(A) + P(B)$,叫作互斥事件的概率加法公式.

注意:(1)公式只适用于互斥事件.

(2)公式可以推广到多个两两互斥事件.

典型例题剖析

例1 抛掷一骰子,观察掷出的点数,设事件 A 为"出现奇数点",B 为"出现偶数点",已知 $P(A)=\dfrac{1}{2}$,$P(B)=\dfrac{1}{2}$,求出"出现奇数点或偶数点"的概率.

解析 抛掷骰子,事件"出现奇数点"和"出现偶数点"是彼此互斥的,可运用概率的加法公式求解.

记"出现奇数点或偶数点"为事件 C,则 $C=A\cup B$,因为 A、B 是互斥事件,所以 $P(C)=P(A)+P(B)=\dfrac{1}{2}+\dfrac{1}{2}=1$.

例2 如果从不包括大小王的52张扑克牌中随机抽取一张,那么取到红心(事件 A)的概率是 $\dfrac{1}{4}$,取到方块(事件 B)的概率是 $\dfrac{1}{4}$,问:

取到红色牌(事件 C)的概率是多少?

解析:事件 C 是事件 A 与事件 B 的并,且 A 与 B 互斥,因此可用互斥事件的概率和公式求解

$$P(C)=P(A)+P(B)=\dfrac{1}{2}.$$

1.某足球运动员连续射两球,事件"至少有一次射入球门"的互斥事件是(　　).

　A.至多有一次射入球门　　　　B.两次都射入球门

　C.只有一次射入球门　　　　　D.两次都不射入球门

2.一名运动员在某次射击比赛中,射击了5次,命中4次,则他的命中率是(　　).

　A.1　　　B.0.8　　　C.0.409 6　　　D.0.081 92

3.某人从远方来,他乘火车、轮船、汽车、飞机来的概率分别为 0.3、0.2、0.1、0.4,他乘坐火车或乘飞机来的概率为(　　).

　A.0.5　　　B.0.6　　　C.0.7　　　D.0.8

4.某人将一枚硬币连掷了10次,正面朝上6次,若用 A 表示正面朝上这一事件,则 A 的(　　).

　A.概率为 $\dfrac{3}{5}$　　B.频率为 $\dfrac{3}{5}$　　C.频率为6　　D.概率接近0.6

5.抛掷两枚均匀的骰子,出现"点数和为3"的基本事件有( ).

   A.1个   B.2个   C.3个   D.4个

6.设事件 $A=\{$甲买彩票中500万元奖金$\}$,则( ).

   A.$P(A)=0$ B.$P(A)=1$

   C.$0<P(A)<1$ D.$0\leqslant P(A)\leqslant 1$

7.数字0,1,2所组成的二位数有( ).

   A.9个   B.6个   C.5个   D.以上都不对

8.冰箱里放了大小形状相同的3罐可乐,2罐橙汁,4罐冰茶,小明从中任意取出1罐饮用,取出可乐或橙汁的概率为_____.

9.某地区年降水量在50～100 mm的概率为0.21,在100～150 mm的概率为0.22,则年降水量在50～150 mm的概率为_____.

10.现有2008年奥运会福娃卡片5张,卡片正面分别是贝贝、晶晶、欢欢、迎迎、妮妮,每张卡片大小、质地和背面图案均相同,将卡片正面朝下反扣在桌子上,从中一次随机抽出两张,抽到贝贝的概率是_____.

11.在20件产品中有5件次品,其余都是合格品,从中任取2件,2件都是合格品的概率为_____.

12.抛掷一枚骰子,观察掷出的点数,设事件 A 为出现奇数,事件 B 为出现2点,已知 $P(A)=\dfrac{1}{2}$,$P(B)=\dfrac{1}{6}$,求出现奇数点或2点的概率之和.

13.已知盒子中有散落的棋子15粒,其中6粒是黑子,9粒是白子,已知从中取出2粒都是黑子的概率是 $\dfrac{1}{7}$,从中取出2粒都是白子的概率是 $\dfrac{12}{35}$,现从中任意取出2粒恰好是同一色的概率是多少?

14.同时掷两枚骰子,计算:

(1)一共有多少种不同的结果?

(2)向上的点数之和是 5 的概率是多少?

8.4 抽样方法

8.4.1 简单随机抽样

学习目标导航

1.了解总体、样本、样本容量的概念,了解数据的随机性.

2.通过实例,了解简单随机抽样的含义及其解决问题的过程.

3.了解样本与总体的关系.

知识要点梳理

1.统计的相关概念.

(1)总体、个体.

在统计问题中,把所研究对象的全体称为总体.总体中的每一个对象称为个体.为了强调调查目的,也可以把调查对象的某些指标的全体作为总体,每一个调查对象的相应指标作为个体.

(2)抽样调查.

从调查的对象中按照一定的方法抽取其中一部分对象进行调查、研究、分析和观测,获取数据,对调查对象的某项指标做出推测,这就是抽样调查。

(3)样本、样本量.

从总体中抽取的一部分个体所组成的集合称为总体的样本。样本中个体的数目称为样本量,也称为样本容量.

2.简单随机抽样.

一般地,设一个总体含有 N(N 为正整数)个个体,从中逐个抽取 n($1 \leqslant n < N$)个个体作为样本,如果抽取是放回的,且每次抽取时总体内的各个个体被抽到的概率都相等,我们把这样的抽样方法叫作放回简单随机抽样;如果抽取是不放回的,且每次抽取时总体内未进入样本的各个个体被抽到的概率都相等,我们把这样的抽样方法叫作不放回简单随机抽样.除非特殊声明,本章所称的简单随机抽样指不放回简单随机抽样.

3.简单随机抽样的方法.

(1)抽签法:

把总体中的 N 个个体编号,把编号写在外观、质地等无差别的小纸片(也可以是卡片、小球等)上作为号签,将这些小纸片放在一个不透明的盒里,充分搅拌,最后从盒中不放回地逐个抽取号签,使与号签上的编号对应的个体进入样本,直到抽足样本所需的个数.

(2)随机数法:

用随机数工具产生编号范围内的整数随机数,把产生的随机数作为抽中的编号,使与编号对应的个体进入样本.重复上述过程,直到抽足样本所需的个数.

①用随机试验生成随机数;

②用信息技术生成随机数;

③用计算器生成随机数;

④用电子表格软件生成随机数;

⑤用 R 统计软件生成随机数.

典型例题剖析

例1 下列抽取样本的方法是简单随机抽样吗?为什么?

(1)从无限多个个体中抽取 50 个个体作为样本.

(2)箱子里共有 100 个零件,今从中选取 10 个零件进行检验,在抽样操作时,从中任意地拿出一个零件进行质量检验后再把它放回箱子里.

(3)从 50 个个体中一次性抽取 5 个个体作为样本.

(4)一彩民选号,从装有 36 个大小、形状都相同的号签的箱子中无放回地抽取 6 个号签.

解析 (1)不是简单随机抽样,因为被抽取的样本的总体的个数是无限的而不是有限的.

(2)不是简单随机抽样,因为它是有放回地抽样.

(3)不是简单随机抽样,因为它是一次性抽取,而不是"逐个"抽取.

(4)是简单随机抽样,因为总体中的个体是有限的,并且是从总体中逐个抽取,不放回地、等可能地抽样.

解题技巧（简单随机抽样的判断方法）

判断所给的抽样方法是否为简单随机抽样的依据为是否具有简单随机抽样的四个特征(见图 8.3.1)：

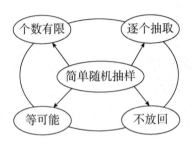

图 8.3.1

上述四点特征,如果有一点不满足,就不是简单随机抽样.

例2 2022年第24届冬季奥林匹克运动会在北京市和张家口市联合举行,这是中国历史上第一次举办冬季奥运会.组委会计划从某高校报名的20名志愿者中选取5人组成奥运志愿小组,请用抽签法设计抽样方案.

解析 ①将20名志愿者编号,号码分别是01,02,…,20;

②将号码分别写在20张大小、形状都相同的纸条上,揉成团,制成号签;

③将所得号签放在一个不透明的袋子中,并搅拌均匀;

④从袋子中依次不放回地抽取5个号签,并记录下上面的编号;

⑤所得号码对应的志愿者就是志愿小组的成员.

解题技巧（抽签法的应用条件及注意点）

(1)一个抽样试验能否用抽签法,关键看两点:一是制签是否方便;二是个体之间差异不明显.一般地,当样本容量和总体容量较小时,可用抽签法.

(2)应用抽签法时应注意以下几点:

①分段时,如果已有分段可不必重新分段;

②签要求大小、形状完全相同;

③号签要均匀搅拌;

④要逐一不放回地抽取.

课堂小测试

1. 下列问题中,最适合用简单随机抽样方法抽样的是(　　).

   A.某电影院为了对观看电影《战狼2》的1 600名观众进行采访,观后从中抽取16名观众进行采访

   B.从10桶奶粉中抽出3桶进行质量检查

   C.某学校有在编人员160人,其中行政人员16人,教师112人,后勤人员32人,教育部门为了解在编人员对学校机构改革的意见,要从中抽取一个容量为20的样本

   D.某乡农田有:山地800公顷,丘陵1 200公顷,平地2 400公顷,洼地400公顷,现抽取农田48公顷估计全乡农田平均每公顷产量

2. 下列抽样试验中,适合用抽签法的有(　　).

   A.从某厂生产的3 000件产品中抽取600件进行质量检验

   B.从某厂生产的两箱(每箱15件)产品中抽取6件进行质量检验

   C.从甲、乙两工厂生产的两箱(每箱15件)产品中抽取6件进行质量检验

   D.从某厂生产的3 000件产品中抽取10件进行质量检验

3. 为抽查汽车排放尾气的合格率,某环保局在一路口随机抽查,这种抽查是(　　).

   A.简单随机抽样　　　　　　　B.系统抽样

   C.分层抽样　　　　　　　　　D.有放回抽样

4. 在简单随机抽样中,某一个个体抽到的可能性(　　).

   A.与第n次抽样有关,第一次抽到的可能性最大

   B.与第n次抽样有关,第一次抽到的可能性最小

   C.与第n次抽样无关,每次抽到的可能性相等

   D.与第n次抽样无关,与抽取的n个样本有关

5. 抽签法中确保样本代表性的关键是(　　).

   A.制签　　　　B.搅拌均匀　　　　C.逐一抽取　　　　D.抽取不放回

6. 下列抽样试验中,用抽签法方便的有(　　).

   A.从某厂生产的3 000件产品中抽取600件进行质量检验

   B.从某厂生产的两箱(每箱15件)产品中抽取6件进行质量检验

   C.从甲、乙两厂生产的两箱(每箱15件)产品中抽取6件进行质量检验

   D.从某厂生产的3 000件产品中抽取10件进行质量检验

7. 为调查参加运动会的1 000名运动员的年龄情况,从中抽查了100名运动员的年龄,就这个问题来说,下列说法正确的是(　　).

A.1 000 名运动员是总体　　　　　　B.每名运动员是个体

C.抽取的 100 名运动员是样本　　　　D.样本容量是 100

8.福利彩票的中奖号码是从 1～36 个号码中选出 7 个号码来按规则确定中奖情况,这种从 36 个号码中选 7 个号码的抽样方法是_____.

9.下列抽取样本的方式属于简单随机抽样的是_____.

①从无限多个个体中抽取 100 个个体作样本;

②盒子里有 80 个零件,从中选出 5 个零件进行质量检验,在抽样操作时,从中任意拿出一个零件进行质量检验后,再把它放回盒子里;

③从 8 台电脑中不放回地随机抽取 2 台进行质量检验.

(假设 8 台电脑已编好号,对编号随机抽取)

10.一个总体中共有 200 个个体,用简单随机抽样的方法从中抽取一个容量为 20 的样本,则某一特定个体被抽到的可能性是_____.

11.人们打桥牌时,在洗好的扑克牌中随机确定一张为起始牌,这时按次序搬牌时,对任何一家来说,都是从 52 张牌中抽取 13 张牌,问:这种抽样方法是否是简单随机抽样?

12.某车间工人加工一种零件 100 件,为了了解这种零件的直径,要从中抽取 10 件零件在同一条件下测量,如何采用简单随机抽样的方法抽取样本?

8.4.2　系统抽样

学习目标导航

1.理解系统抽样,会用系统抽样从总体中抽取样本.

2.了解系统抽样在实际生活中的应用.

知识要点梳理

1. 系统抽样的定义：

一般地，要从容量为 N 的总体中抽取容量为 n 的样本，可将总体分成均衡的若干部分，然后按照预先制定的规则，从每一部分抽取一个个体，得到所需要的样本，这种抽样的方法叫作系统抽样.

【说明】由系统抽样的定义可知系统抽样有以下特征：

(1)当总体容量 N 较大时，采用系统抽样.

(2)将总体分成均衡的若干部分指的是将总体分段，分段的间隔要求相等，因此，系统抽样又称等距抽样，这时间隔一般为 $k = [\dfrac{N}{n}]$.

(3)预先制定的规则指的是：在第 1 段内采用简单随机抽样确定一个起始编号，在此编号的基础上加上分段间隔的整倍数即为抽样编号.

典型例题剖析

例 1 某校高中三年级的 295 名学生已经编号为 $1,2,\cdots,295$，为了了解学生的学习情况，要按 1∶5 的比例抽取一个样本，用系统抽样的方法进行抽取，并写出过程.

解析 按 1∶5 分段，每段 5 人，共分 59 段，每段抽取一人，关键是确定第 1 段的编号.

按照 1∶5 的比例，应该抽取的样本容量为 $295 \div 5 = 59$，我们把 259 名同学分成 59 组，每组 5 人，第一组是编号为 1～5 的 5 名学生，第 2 组是编号为 6～10 的 5 名学生，依次下去，59 组是编号为 291～295 的 5 名学生.采用简单随机抽样的方法，从第一组 5 名学生中抽出一名学生，不妨设编号为 $k(1 \leqslant k \leqslant 5)$，那么抽取的学生编号为 $k + 5L (L = 0,1,2,\cdots,58)$，得到 59 个个体作为样本，如当 $k = 3$ 时的样本编号为 $3,8,13,\cdots,288,293$.

例 2 从编号为 1～50 的 50 枚最新研制的某种型号的导弹中随机抽取 5 枚来进行发射试验，若采用每部分选取的号码间隔一样的系统抽样方法，则所选取 5 枚导弹的编号可能是(　　).

A.5,10,15,20,25　　B.3,13,23,33,43　　C.1,2,3,4,5　　D.2,4,6,16,32

解析 用系统抽样的方法抽取导弹编号应该 $k, k+d, k+2d, k+3d, k+4d$，其中 $d = 50/5 = 10$，k 是 1 到 10 中用简单随机抽样方法得到的数，因此只有选项 B 满足要求，故选 B.

课堂小测试

1. 某会议室有50排座位,每排有30个座位.一次报告会坐满了听众.会后留下座号为15的所有听众50人进行座谈.这是运用了(   ).

   A.抽签法　　　　B.随机数表法　　　　C.系统抽样　　　　D.有放回抽样

2. 要从已经编号(1～50)的50枚最新研制的某种型号的导弹中随机抽取5枚来进行发射试验,用系统抽样方法确定所选取的5枚导弹的编号可能是(   ).

   A.5,10,15,20,25　　　　　　　　B.3,13,23,33,43

   C.1,2,3,4,5　　　　　　　　　　D.2,4,8,16,32

3. 下列抽样中不是系统抽样的是(   ).

   A.从标有1～15号的15个小球中任选3个作为样本,按从小号到大号排序,随机确定起点i,以后为$i+5,i+10$(超过15则从1再数起)号入样

   B.工厂生产的产品,用传送带将产品送入包装车间前,检验人员从传送带上每隔5 min抽一件产品检验

   C.搞某一市场调查,规定在商场门口随机抽一个人进行询问,直到调查到事先规定的调查人数为止

   D.电影院调查观众的某一指标,通知每排(每排人数相等)座位号为14的观众留下来座谈

4. 为了解1 000名学生的学习情况,采用系统抽样的方法,从中抽取容量为40的样本,则分段的间隔为(   ).

   A.50　　　　B.40　　　　C.25　　　　D.20

5. 从2 008名学生中选取50名学生参加数学竞赛,若采用下面的方法选取:先用简单随机抽样从2 008人中剔除8人,剩下的2 000人再按系统抽样的方法抽取50人,则在2 008人中,每人入选的可能性(   ).

   A.不全相等　　　　　　　　　　B.均不相等

   C.都相等,且为$\dfrac{25}{1\,004}$　　　　　　D.都相等,且为$\dfrac{1}{40}$

6. 某班共有学生54人,学号分别为1～54号,现根据学生的学号,用系统抽样的方法,抽取一个容量为4的样本,已知3号,29号,42号的同学在样本中,那么样本中还有一个同学的学号是(   ).

   A.10　　　　B.16　　　　C.53　　　　D.32

7. 某校高三年级195名学生已编号为1,2,3,…,195,为了解高三学生的饮食情况,要按

1:5 的比例抽取一个样本,若采用系统抽样方法进行抽取,其中抽取 3 名学生的编号可能是( ).

A.3,24,33　　　　　　　　　　B.31,47,147

C.133,153,193　　　　　　　　D.102,132,159

8.有 60 件产品,编号为 1 至 60,现从中抽取 5 件进行检验,用系统抽样的方法所确定的抽样编号可能是( ).

A.5,10,15,20,25　　　　　　　B.5,12,31,39,57

C.5,15,25,35,45　　　　　　　D.5,17,29,41,53

9.将参加数学竞赛的 800 名学生编号为:001,002,…,800.采用系统抽样方法抽取一个容量为 40 的样本,且随机抽得的号码为 006.这 800 名学生分在四个考点参加比赛,从 001 到 200 在第 I 考点,从 201 到 400 在第 II 考点,从 401 到 500 在第 III 考点,从 501 到 800 在第 IV 考点,四个考点被抽中的人数依次为( ).

A.9,9,9,13　　　　　　　　　B.10,10,5,15

C.10,10,10,10　　　　　　　D.9,9,7,15

10.为了解 1 206 名学生对学校某项教改试验的意见,打算从中抽取一个容量为 30 的样本,考虑采用系统抽样,则分段的间隔 k 为_____.

11.在一次抽样活动中,采用了系统抽样.若第 1 组中选中的为 2 号,第 2 组中选中的为 7 号,则第 5 组中选中的应为_____号.

12.编号 1~15 的小球共 15 个,现求总体号码的平均值,试验者从中抽取 3 个小球,以它们的平均数估计总体平均数,以编号 2 为起点,用系统抽样法抽取 3 个小球,则这 3 个小球的编号的平均数是_____.

13.将参加数学竞赛的 1 000 名学生编号如下:0 001,0 002,0 003,…,1 000,打算从中抽取一个容量为 50 的样本,按系统抽样的方法分成 50 个部分.第一部分编号为 0 001,0 002,0 003,…,0 020,若从第一部分随机抽取一个号码为 0 015,则抽取的第 40 个号码为_____.

14.将参加学校期末考试的高三年级 400 名学生编号为 001,002,…,400,已知这 400 名学生到甲、乙、丙三栋楼去考试.001 到 200 在甲楼,201 到 295 在乙楼,296 到 400 在丙楼;采用系统抽样方法抽取一个容量为 50 的样本且随机抽得的首个号码为 003,则三个楼被抽中的人数依次为_____.

15.一个总体中有 100 个个体,随机编号为 0,1,2,…,99,依编号顺序平均分成 10 个小组,组号依次为 1,2,3,…,10.现用系统抽样方法抽取一个容量为 10 的样本,规定:如果在第 1 组随机抽取的号码为 m,那么在第 k 组中抽取的号码个位数字与 $m+k$ 的个位数字相同.若 $m=6$，则在第 7 组中抽取的号码是_____.

16. 下面给出某村委会调查本村各户收入情况所做的抽样，阅读并回答问题：

本村人口：1 200 人，户数 300，每户平均人口数 4 人；

应抽户数：30 户；

抽样间隔：$\dfrac{1\ 200}{30}=40$；

确定随机数字：取一张人民币，编码的后两位数为 12；

确定第一样本户：编码的后两位数为 12 的户为第一样本户；

确定第二样本户：$12+40=52$，52 号为第二样本户；

……

(1)该村委会采用了何种抽样方法？

(2)抽样过程中存在哪些问题？请修改.

(3)何处采用了简单随机抽样？

17. 为了了解参加某种知识竞赛的 1 003 名学生的成绩，请用系统抽样抽取一个容量为 50 的样本.

8.4.3 分层抽样

1. 正确理解分层抽样方法的一般步骤和方法.
2. 正确理解三种抽样方法间的区别和联系.

1. 分层抽样的定义.

一般地，在抽样时，将总体分成互不交叉的层，然后按照一定的比例，从各层独立地抽取一定数量的个体，将各层取出的个体合在一起作为样本，这种抽样的方法叫分层抽

样.分层抽样又称类型抽样,应用分层抽样应遵循以下要求:

(1)分层:将相似的个体归入一类,即为一层,分层要求每层的各个个体互不交叉,即遵循不重复、不遗漏的原则.

(2)分层抽样为保证每个个体等可能入样,需遵循在各层中进行简单随机抽样,每层样本数量与每层个体数量的比与这层个体数量与总体容量的比相等.

2.分层抽样的步骤:

(1)分层:按某种特征将总体分成若干部分.

(2)按比例确定每层抽取个体的个数.

(3)各层分别按简单随机抽样的方法抽取.

(4)综合每层抽样,组成样本.

【说明】

(1)分层需遵循不重复、不遗漏的原则.

(2)抽取比例由每层个体占总体的比例确定.

(3)各层抽样按简单随机抽样进行.

简单随机抽样、系统抽样、分层抽样的比较:

类别	共同点	各自特点	联系	适用范围
简单随机抽样	(1)抽样过程中每个个体被抽到的可能性相等;(2)每次抽出个体后不再将它放回,即不放回抽样	从总体中逐个抽取		总体个数较少
系统抽样		将总体均分成几部分,按预先制定的规则在各部分抽取	在起始部分抽样时采用简单随机抽样	总体个数较多
分层抽样		将总体分成几层,分层进行抽取	分层抽样时采用简单随机抽样或系统抽样	总体由差异明显的几部分组成

3.分层抽样是当总体由差异明显的几部分组成时采用的抽样方法,进行分层抽样时应注意以下几点:

(1)分层抽样中分多少层、如何分层要视具体情况而定,总的原则是,层内样本的差异要小,而层之间的样本差异要大,且互不重叠.

(2)为了保证每个个体等可能入样,所有层应采用同一抽样比等可能抽样.

(3)在每层抽样时,应采用简单随机抽样或系统抽样的方法进行抽样.

4.分层抽样的优点:使样本具有较强的代表性,并且抽样过程中可综合选用各种抽样方法,因此分层抽样是一种实用、操作性强、应用比较广泛的抽样方法.

典型例题剖析

例 1 某高中共有900人,其中高一年级300人,高二年级200人,高三年级400人,现采用分层抽样抽取容量为45的样本,那么高一、高二、高三各年级抽取的人数分别为(   ).

A.15,5,25   B.15,15,15   C.10,5,30   D.15,10,20

解析 因为300∶200∶400=3∶2∶4,于是将45分成3∶2∶4三部分.设三部分各抽取的个体数分别为$3x,2x,4x$,由$3x+2x+4x=45$,得$x=5$,故高一、高二、高三各年级抽取的人数分别为15,10,20,故选D.

例 2 一个地区共有5个乡镇,人口3万人,其中人口比例为3∶2∶5∶2∶3,从3万人中抽取一个300人的样本,分析某种疾病的发病率,已知这种疾病与不同的地理位置及水土有关,问:应采取什么样的方法?并写出具体过程.

解析 采用分层抽样的方法.

因为疾病与地理位置和水土均有关系,所以不同乡镇的发病情况差异明显,因而采用分层抽样的方法,具体过程如下:

(1)将3万人分为5层,其中一个乡镇为一层.

(2)按照样本容量的比例随机抽取各乡镇应抽取的样本.

$300×3/15=60$(人),$300×2/15=40$(人),$300×5/15=100$(人),$300×2/15=40$(人),$300×3/15=60$(人),因此各乡镇抽取人数分别为60人、40人、100人、40人、60人。

(3)将300人组到一起,即得到一个样本.

课堂小测试

1.有40件产品,其中一等品10件,二等品25件,次品5件,现从中抽出8件进行质量分析,应采取何种抽样方法?(   )

A.抽签法   B.随机数表法   C.系统抽样   D.分层抽样

2.某城市有学校700所.其中大学20所,中学200所,小学480所,现用分层抽样方法从中抽取一个容量为70的样本,进行某项调查,则应抽取中学数为(   ).

A.70   B.20   C.48   D.2

3.下列问题中,最适合用分层抽样方法抽样的是(   ).

A.某电影院有32排座位,每排有40个座位,座位号是1~40.有一次报告会坐满了听

众,报告会结束以后为听取意见,要留下 32 名听众进行座谈

B.从 10 台冰箱中抽出 3 台进行质量检查

C.某乡农田有山地 8 000 亩,丘陵 12 000 亩,平地 24 000 亩,洼地 4 000 亩,现抽取农田 480 亩估计全乡农田平均产量

D.从 50 个零件中抽取 5 个做质量检验

4.要从其中有 50 个红球的 1 000 个球中,采用按颜色分层抽样的方法抽取 100 个进行分析,则应抽取红球的个数为( ).

A.5　　　　　B.10　　　　　C.20　　　　　D.45

5.高一、高二、高三学生共 3 200 名,其中高三 800 名,如果通过分层抽样的方法从全体学生中抽取一个 160 人的样本,那么应当从高三年级的学生中抽取的人数是( ).

A.160　　　　B.40　　　　　C.80　　　　　D.320

6.某年级有 10 个班,每个班同学按 1～50 编号,为了了解班上某方面情况,要求每班编号为 10 号的同学去开一个座谈会,这里运用的抽样方法是( ).

A.分层抽样　　　　　　　　B.系统抽样

C.简单随机抽样　　　　　　D.抽签法

7.某校共有 2 500 名学生,其中男生 1 300 名,女生 1 200 名,用分层抽样法抽取一个容量为 200 的样本,则男生应抽取_____名.

8.一个公司有 N 个员工,下设一些部门,现采用分层抽样方法从全体员工中抽取一个容量为 n 的样本(N 是 n 的倍数).已知某部门被抽取 m 个员工,那么这一部门的员工数是_____.

9.某校高中部有学生 950 人,其中高一年级学生 350 人,高二年级学生 400 人,其余为高三年级学生,若采用分层抽样从高中部所有学生中抽取一个容量为 190 的样本,则每个年级应该抽取多少人? 高一_____,高二_____.

10.某年的有奖邮政明信片销售活动中,规定每 100 万张为一个开奖组,通过随机抽取的方式,确定号码后四位为 2709 的获得三等奖.这是运用什么方法来确定三等奖号码的? 共有多少个三等奖号码?

11. 某工厂中共有职工 3 000 人,其中,中、青、老职工的比例为 5∶3∶2,从所有职工中抽取一个容量为 400 的样本,应采取哪种抽样方法较合理?且中、青、老年职工应分别抽取多少人?

12. 一个单位有职工 160 人,其中有业务人员 112 人,管理人员 16 人,后勤服务人员 32 人,为了了解职工的某种情况,要从中抽取一个容量为 20 的样本,写出用分层抽样的方法抽取样本的过程.

8.5 统计图表

1. 通过实例体会分布的意义和作用.
2. 在表示样本数据的过程中,学会列频率分布表,画频率分布直方图.
3. 通过实例体会频率分布直方图特征,从而分析样本的分布,准确地做出总体估计.

1. 频率分布的概念:

频率分布是指一个样本数据在各个小范围内所占比例的大小.一般用频率分布直方图反映样本的频率分布.列频率分布表,绘制频率分布直方图的步骤如下:

(1)计算极差:数据中最大值b减去最小值a;

(2)确定组数与组距:根据数据的多少确定分组数量m,数据越多,分组越多.样本容量不超过100时,通常分成5~12组.组距$d \geqslant \dfrac{极差}{组数} = \dfrac{b-a}{m}$的最小整数;

(3)确定分点:第一组的起点可以是最小值,也可以比最小值小一点;

(4)列频率分布表:一般分成三列(分组、频数和频率),最后一行是合计,其中频数合计是样本容量,频率合计是1;

(5)绘制频率分布直方图:横坐标表示数据分组情况,纵坐标表示频率与组距的比值.频率分布直方图可以用频率与组距的比值为高、组距为底的矩形绘制.各个矩形的面积等于相应各组的频率.即

$$矩形的面积 = 组距 \times \dfrac{频率}{组距} = 频率.$$

频率分布直方图是以图形的面积反映数据落在各个小组内的频率大小.

2.频率分布直方图的特征:

(1)从频率分布直方图可以清楚地看出数据分布的总体趋势.

(2)从频率分布直方图得不出原始的数据内容,把数据表示成直方图后,原有的具体数据信息就被抹掉了.

典型例题剖析

例1 下表给出了某校500名12岁男孩中用随机抽样得出的120人的身高.

单位:cm

区间界限	[122,126)	[126,130)	[130,134)	[134,138)	[138,142)	[142,146)
人数	5	8	10	22	33	20
区间界限	[146,150)	[150,154)	[154,158)			
人数	11	6	5			

(1)列出样本频率分布表;

(2)画出频率分布直方图;

(3)估计身高小于134 cm的人数占总人数的百分比.

分析 根据样本频率分布表、频率分布直方图的一般步骤解题.

解 (1)样本频率分布表如下:

分组	频数	频率
[122,126)	5	0.04
[126,130)	8	0.07
[130,134)	10	0.08
[134,138)	22	0.18
[138,142)	33	0.28
[142,146)	20	0.17
[146,150)	11	0.09
[150,154)	6	0.05
[154,158)	5	0.04
合计	120	1

(2)其频率分布直方图如图 8.5.1 所示.

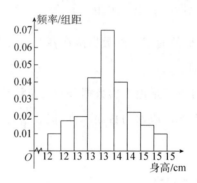

图 8.5.1

(3)由样本频率分布表可知身高小于 134 cm 的男孩出现的频率为 $0.04+0.07+0.08=0.19$,所以我们估计身高小于 134 cm 的人数占总人数的 19%.

例 2 为了了解高一学生的体能情况,某校抽取部分学生进行一分钟跳绳次数测试,将所得数据整理后,画出频率分布直方图(见图 8.5.2),图中从左到右各小长方形面积之比为 2∶4∶17∶15∶9∶3,第二小组频数为 12.

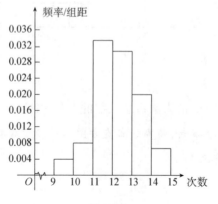

图 8.5.2

(1)第二小组的频率是多少?样本容量是多少?

(2)若次数在110次以上(含110次)为达标,试估计该学校全体高一学生的达标率是多少?

(3)在这次测试中,学生跳绳次数的中位数落在哪个小组内?请说明理由.

分析 在频率分布直方图中,各小长方形的面积等于相应各组的频率,小长方形的高与频数成正比,各组频数之和等于样本容量,频率之和等于1.

解 (1)由于频率分布直方图以面积的形式反映了数据落在各小组内的频率大小,因此第二小组的频率为:$\dfrac{4}{2+4+17+15+9+3}=0.08$.

又因为频率$=\dfrac{\text{第二小组频数}}{\text{样本容量}}$,

所以 样本容量$=\dfrac{\text{第二小组频数}}{\text{第二小组频率}}=\dfrac{12}{0.08}=150$.

(2)由图可估计该学校高一学生的达标率约为

$$\dfrac{17+15+9+3}{2+4+17+15+9+3}\times 100\%=88\%.$$

(3)由已知可得各小组的频数依次为6,12,51,45,27,9,所以前三组的频数之和为69,前四组的频数之和为114,所以跳绳次数的中位数落在第四小组内.

课堂小测试

1.某初一年级有500名同学,将他们的身高(单位:cm)数据绘制成频率分布直方图(见图8.5.3),若要从身高在[120,130),[130,140),[140,150]三组内的学生中,用分层抽样的方法选取30人参加一项活动,则从身高在[130,140)内的学生中选取的人数为_____.

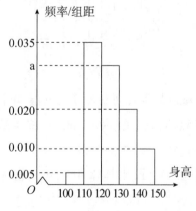

图8.5.3

2. 图 8.5.4 所示为样本容量为 200 的频率分布直方图. 根据样本的频率分布直方图估计,样本数据落在 [6,10) 的频数为_____,数据落在 (2,10) 内的概率约为_____.

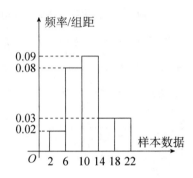

图 8.5.4

3. 某班 50 名学生在一次百米测试中,成绩全部介于 13 s 与 19 s 之间,将测试结果按如下方式分成六组:第一组,成绩大于等于 13 s 且小于 14 s;第二组,成绩大于等于 14 s 且小于 15 s;……;第六组,成绩大于等于 18 s 且小于等于 19 s. 图 8.5.5 所示为按上述分组方法得到的频率分布直方图.

设成绩小于 17 s 的学生人数占全班总人数的百分比为 x,成绩大于等于 15 s 且小于 17 s 的学生人数为 y,则从频率分布直方图中可分析出 x 和 y 分别为_____.

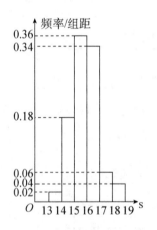

图 8.5.5

4. 图 8.5.6 所示为根据部分城市某年 6 月份的平均气温(单位:℃)数据得到的样本频率分布直方图,其中平均气温的范围是 [20.5,26.5],样本数据的分组为 [20.5,21.5),[21.5,22.5),[22.5,23.5),[23.5,24.5),[24.5,25.5),[25.5,26.5]. 已知样本中平均气温低于 22.5 ℃ 的城市个数为 11,则样本中平均气温不低于 25.5 ℃ 的城市个数为_____.

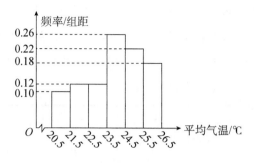

图 8.5.6

5. 从某小区抽取 100 户居民进行月用电量调查,发现其用电量都在 50 至 350 度之间,频率分布直方图如图 8.5.7 所示.

   (1) 直方图中 x 的值为_____;

   (2) 在这些用户中,用电量落在区间 [100,250) 内的户数为_____.

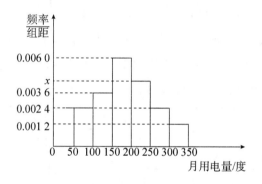

图 8.5.7

6. 某教师出了一份共 3 道题的测试卷,每道题 1 分,全班得 3 分,2 分,1 分,0 分的学生所占比例分别为 30%,40%,20%,10%,若全班 30 人,则全班同学的平均分是_____分.

7. 为了了解某地区高三学生的身体发育情况,抽查了该地区 100 名年龄为 17.5～18 岁的男生体重(kg),得到频率分布直方图如图 8.5.8 所示.

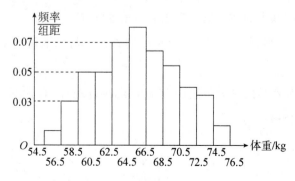

图 8.5.8

根据上图可得这100名学生中体重在[56.5,64.5)的学生人数是_____.

8.某校高中生共有900人,其中高一年级300人,高二年级200人,高三年级400人,现分层抽取容量为45的样本,那么高一、高二、高三年级抽取的人数分别为_____.

9.对某电子元件进行寿命追踪调查,情况如下:

寿命/h	100～200	200～300	300～400	400～500	500～600
个数	20	30	80	40	30

(1)列出频率分布表;

(2)画出频率分布直方图;

(3)估计电子元件寿命在100～400 h以内的概率;

(4)估计电子元件寿命在400 h以上的概率.

10.若某产品的直径长与标准值的差的绝对值不超过1 mm,则视为合格品,否则视为不合格品,在近期一次产品抽样检查中,从某厂生产的此种产品中,随机抽取5 000件进行检测,结果发现有50件不合格品.计算这50件不合格品的直径长与标准值的差(单位:mm),将所得数据分组,得到如下频率分布表:

分组	频数	频率
[−3,−2)		0.10
[−2,−1)	8	
(1,2]		0.50
(2,3]	10	
(3,4]		
合计	50	1.00

(1)将上面表格中缺少的数据填在答题卡的相应位置;

(2)估计该厂生产的此种产品中,不合格品的直径长与标准值的差落在区间(1,3]内的概率;

(3)现对该厂这种产品的某个批次进行检查,结果发现有20件不合格品,据此估算这批产品中的合格品的件数.

11. 某班同学利用国庆节进行社会实践,对[25,55]岁的人群随机抽取 n 人进行了一次生活习惯是否符合低碳观念的调查,生活习惯符合低碳观念的称为"低碳族",否则称为"非低碳族",得到如下统计表和各年龄段人数频率分布直方图(见图 8.5.9).

组数	分组	低碳族的人数	占本组的频率
第一组	[25,30)	120	0.6
第二组	[30,35)	195	p
第三组	[35,40)	100	0.5
第四组	[40,45)	a	0.4
第五组	[45,50)	30	0.3
第六组	[50,55)	15	0.3

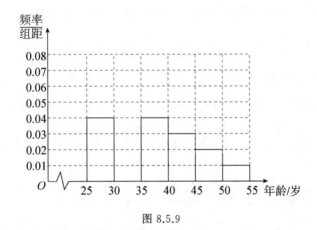

图 8.5.9

补全频率分布直方图并求 n、a、p 的值.

8.6 样本的均值和标准差

学习目标导航

1. 理解用样本均值、方差和标准差估计总体的均值、方差和标准差.
2. 会计算样本均值、方差和标准差,并估计总体的均值、方差和标准差.

知识要点梳理

1. 如果有 n 个数 $x_1, x_2, \cdots, x_n$,那么 $\bar{x} = \dfrac{1}{n}(x_1 + x_2 + \cdots + x_n)$ 叫作这 n 个数的平均数或均值,$\bar{x}$ 读作"x 拔".均值反映出这组数据的平均水平.

2. 方差:如果样本由 n 个数 $x_1, x_2, \cdots, x_n$ 组成,那么样本的方差为

$$s^2 = \dfrac{1}{n-1}[(x_1 - \bar{x})^2 + (x_2 - \bar{x})^2 + \cdots + (x_n - \bar{x})^2].$$

3. 由于样本方差的单位是数据的单位的平方,使用起来不方便,因此人们常使用它的算术平方根来表示个体与样本均值之间偏离程度,叫作样本标准差.即

$$s = \sqrt{\dfrac{1}{n-1}[(x_1 - \bar{x})^2 + (x_2 - \bar{x})^2 + \cdots + (x_n - \bar{x})^2]}.$$

典型例题剖析

例1 要从两位射击选手中选拔一位参加射击比赛,让他们作测试,两位选手的 10 次射击成绩如下表所示:

射击序号	1	2	3	4	5	6	7	8	9	10
甲选手	9.2	9.0	9.5	8.7	9.9	10.0	9.1	8.6	8.5	9.1
乙选手	9.1	8.9	9.3	9.7	9.9	9.9	8.9	9.2	9.6	8.8

你觉得选哪位选手参加比赛合适呢?

解 将这 10 次射击成绩作为一个样本,来对两名选手的射击水平进行估计.分别计算数据的均值,得

$$\bar{x}_{甲} = \dfrac{1}{10}(9.2 + 9.0 + 9.5 + 8.7 + 9.9 + 10.0 + 9.1 + 8.6 + 8.5 + 9.1)$$

$$= 9.16,$$

$$\bar{x}_乙 = \frac{1}{10}(9.1+8.9+9.3+9.7+9.9+9.9+8.9+9.2+9.6+8.8)$$

$$= 9.33.$$

显然

$$\bar{x}_甲 < \bar{x}_乙.$$

由此估计,乙的射击平均水平高于甲,所以应选择选手乙去参加比赛.

例 2 甲、乙两种冬小麦试验品种连续 5 年的平均单位面积产量如下(单位:$t \cdot hm^{-2}$):

品种	第 1 年	第 2 年	第 3 年	第 4 年	第 5 年
甲	9.8	9.9	10.1	10	10.2
乙	9.4	10.3	10.8	9.7	9.8

试根据这组数据估计哪一种小麦品种的产量比较稳定.

解析 此类问题应先计算它们的方差,然后利用方差判定产品的稳定性.

甲品种的样本平均数为 10,样本方差为

$$s_甲^2 = [(9.8-10)^2+(9.9-10)^2+(10.1-10)^2+(10-10)^2+(10.2-10)^2] \div 5 = 0.02.$$

乙品种的样本平均数为 10,样本方差为

$$s_乙^2 = [(9.4-10)^2+(10.3-10)^2+(10.8-10)^2+(9.7-10)^2+(9.8-10)^2] \div 5 = 0.244.$$

因为 $s_甲^2 < s_乙^2$,所以由这组数据可以认为甲种小麦的产量比较稳定.

说明:方差计算比较复杂,并且计算量较大,因此在计算时一定要细心,减少失误.

 课堂小测试

一、选择题

1.数据 8,10,9,11,12 的方差是(   ).

　　A.$\sqrt{2}$　　　　B.2　　　　C.10　　　　D.50

2.如果一组数据 $x_1, x_2, \cdots, x_n$ 的方差是 2,那么另一组数据 $3x_1, 3x_2, \cdots, 3x_n$ 的方差是(   ).

　　A.2　　　　B.18　　　　C.12　　　　D.6

3.(2003·四川)某中学人数相等的甲、乙两班学生参加了同一次数学测验,班平均分和方差分别为 $\overline{x}_甲=82$ 分,$\overline{x}_乙=82$ 分,$S^2_甲=245$,$S^2_乙=190$,那么成绩较为整齐的是( ).

   A.甲班   B.乙班
   C.两班一样整齐   D.无法确定

4.甲、乙两中学生在一年里学科平均分相等,但他们的方差不相等,能正确评价他们学习情况的是( ).

   A.因为他们的平均分相等,所以学习水平一样
   B.表面上看这两个学生平均成绩一样,但方差小的学习成绩稳定
   C.成绩虽然一样,方差较大的,说明潜力大,学习态度踏实
   D.平均分相等,方差不等,说明学习的方法不一样,但效果一样

5.小明与小华本学期都参加了5次数学考试(总分均为100分),数学老师想判断这两位同学的数学成绩谁更稳定,在做统计分析时,老师需比较这两人5次数学成绩的( ).

   A.平均数   B.方差
   C.众数   D.中位数

二、填空题

6.(2006·浙江)甲、乙两台机器分别罐装每瓶质量为500 g的矿泉水.从甲、乙罐装的矿泉水中分别随机抽取了30瓶,测算得它们实际质量的方差是:$S^2_甲=4.8$,$S^2_乙=3.6$.那么_____罐装的矿泉水质量比较稳定.

7.(2007·贵阳)图8.6.1所示为甲、乙两地某十天的日平均气温统计图,则甲、乙两地这10天的日平均气温的方差大小关系为:$S^2_甲$_____$S^2_乙$.(用>,=,<填空)

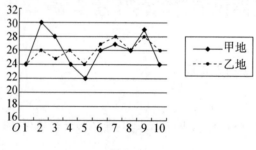

图8.6.1

8.如果一组数据 $x_1,x_2,\cdots,x_n$ 的平均数是 $\overline{x}$,方差为 S^2,那么

   (1)新数据 $ax_1,ax_2,\cdots,ax_n$ 的平均数是_____,方差为_____;

(2)新数据 $x_1+b, x_2+b, \cdots, x_n+b$ 的平均数是_____,方差为_____;

(3)新数据 $ax_1+b, ax_2+b, \cdots, ax_n+b$ 的平均数是_____,方差为_____.

三、简答题

9.甲、乙两人在相同条件下各射靶的成绩情况如图 8.6.2 所示.

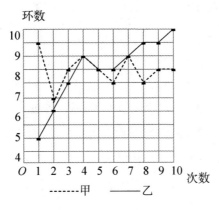

图 8.6.2

(1)请填写下表.

项目	平均数	方差	中位数	命中 9 环及以上次数
甲	7			1
乙	7	5.4		

(2)请从下列三个不同的角度对这次测试结果进行分析:

①从平均数和方差相结合看,谁的成绩稳定些?

②从平均数和命中 9 环及以上的次数相结合看,谁的成绩好些?

③从折线图上两人射击命中环数的走势看,谁更有潜力些?

10. 从某厂生产的轴中,随机地抽出 15 根,测得它们的长度(单位:mm)如下:

422.2, 423.1, 428.2, 417.2, 431.5,

413.5, 425.6, 438.3, 441.3, 420.3,

434.0, 423.0, 425.8, 412.3, 418.7.

试求样本方差和样本标准差.

期中检测题

一、选择题(本大题共 15 小题,每小题 3 分,共 45 分)

1. 已知等差数列 $\{a_n\}$ 的前三项分别为 $a-1, 2a+1, a+7$,则这个数列的通项公式是( ).

   A. $a_n = 4n-3$　　B. $a_n = 2n-1$　　C. $a_n = 4n-2$　　D. $a_n = 2n-3$

2. 在等差数列 $\{a_n\}$ 中,已知 $a_1 = 1$,$a_{n+1} = a_n + 2$,则 $a_8 = ($).

   A. 13　　　　B. 14　　　　C. 15　　　　D. 16

3. 在等差数列 $\{a_n\}$ 中,已知前 11 项之和等于 33,则 $a_2 + a_6 + a_{10} = ($).

   A. 9　　　　B. 12　　　　C. 18　　　　D. 24

4. 已知等比数列 $\{a_n\}$ 中,$a_1 + a_2 = 30, a_3 + a_4 = 120$,则 $a_5 + a_6 = ($).

   A. 120　　　B. 240　　　C. 480　　　D. 600

5. 已知等比数列 $\{a_n\}$ 中,$a_2 a_8 = 36, a_3 + a_7 = 15$,则公比 q 的值有( ).

   A. 1 个　　　B. 2 个　　　C. 3 个　　　D. 4 个

6. 已知单位向量 $\boldsymbol{a}、\boldsymbol{b}$ 的夹角为 $\dfrac{\pi}{3}$,那么 $|\boldsymbol{a} + 2\boldsymbol{b}| = ($).

   A. $4\sqrt{3}$　　B. $2\sqrt{7}$　　C. $2\sqrt{3}$　　D. $\sqrt{7}$

7. 已知向量 $\boldsymbol{a}、\boldsymbol{b}$ 的直角坐标分别为 $(-1, 3)$ 和 $(-3, -1)$,则 $\boldsymbol{a}$ 与 $\boldsymbol{b}$ 的关系是( ).

   A. 方向相同　　B. 方向相反　　C. 相等　　D. 垂直

8. 若三点 $P(1, 1)$、$A(2, -3)$、$B(x, 9)$ 共线,则 $x = ($).

   A. -1　　　B. 3　　　C. $\dfrac{9}{2}$　　D. 51

9. "两个非零向量共线"是"这两个非零向量方向相同"的( ).

   A. 充分不必要条件　　　　B. 必要不充分条件
   C. 充要条件　　　　　　　D. 既不充分又不必要条件

10.过点$(-1,3)$且垂直于直线$x-2y+3=0$的直线方程为( ).

A.$2x+y-1=0$　　　　　B.$2x+y-5=0$

C.$x+2y-5=0$　　　　　D.$x-2y+7=0$

11.直线$2x-6y+4=0$与直线$y=\dfrac{x}{3}+\dfrac{2}{3}$的位置关系是( ).

A.相交　　　　　　　　B.平行

C.重合　　　　　　　　D.以上都不是

12.若直线$x+y+m=0$与圆$x^2+y^2=m$相切,则m的值为( ).

A.0或2　　B.2　　　　C.$\sqrt{2}$　　　　D.无解

13.已知直线$l_1:y=3x+1$与$l_2:ax+y+1=0$,若$l_1\perp l_2$,则a的值为( ).

A.$-\dfrac{1}{3}$　　B.$\dfrac{1}{3}$　　　　C.-3　　　　D.3

14.直线$y=x-1$上的点到圆$C:x^2+y^2+4x-2y+4=0$的最远距离为( ).

A.2　　　B.$2\sqrt{2}+1$　　　C.$2\sqrt{2}$　　　D.$2\sqrt{2}+2$

15.如果$AB>0$且$BC<0$,那么直线$Ax+By+C=0$不通过( ).

A.第一象限　　　　　　B.第二象限

C.第三象限　　　　　　D.第四象限

二、填空题(本大题共10空,每空3分,共30分)

16.等比数列前三项依次为$\sqrt{2},\sqrt[3]{2},\sqrt[6]{2}$,则第4项为_____.

17.经过圆$x^2+y^2=5$上一点$(1,2)$且与圆相切的直线方程为_____.

18.一个有限项的等差数列,它前5项的和为34,最后5项的和为146,所有项的和为234,则它的第7项$a_7=$_____.

19.已知$|a|=2,|b|=3,<a,b>=120°$,则$|a+b|=$_____.

20.点$(1,-2)$关于直线$x+y=0$的对称点的坐标是_____.

21.若$a(3,4),b$与a方向相反,且$|b|=10$,则b的坐标为_____.

22.过两点$(3,5),(-3,7)$,且圆心在x轴上的圆的方程为_____.

23.在等差数列$\{a_n\}$中,$a_1>0,S_4=S_9,S_n$取得最大值时,$n=$_____.

24.圆$x^2+y^2+2x+4y-3=0$上到直线$x+y+1=0$的距离为$\sqrt{2}$的点有_____.

25.过点$(-2,5)$且平行于直线$x-2y+3=0$的直线方程为_____.

三、解答题(本大题共 5 小题,每题 9 分,共 45 分)

26.设数列 $\{a_n\}$ 的前 n 项和 S_n 与第 n 项 a_n 间的关系 $S_n=2a_n+1$,求数列的通项公式.

27.等差数列 $\{a_n\}$ 的前 n 项和记为 S_n,已知 $a_{10}=30, a_{20}=50$,

(1)求通项 a_n;

(2)若 $S_n=242$,求 n.

28.已知三个点 $A(2,1), B(3,2), D(-1,4)$,

(1)求证 $\overrightarrow{AB} \perp \overrightarrow{AD}$;

(2)要使四边形 $ABCD$ 是矩形,求点 C 的坐标.

29. 已知圆过两点 $A(3,1), B(-1,3)$，且它的圆心在直线上 $3x-y-2=0$ 上，求圆的方程.

30. 已知直线 l 经过点 $P(0,b)$，倾斜角 $\alpha=\dfrac{\pi}{4}$，圆 C 的方程为 $x^2+y^2=2$，

求：(1) 当 b 为何值时，直线 l 与圆 C 有公共点？

(2) 当 b 为何值时，直线 l 与圆 C 相交所得的弦长 $d=\sqrt{6}$.

期末检测题

一、选择题(本大题共 15 小题,每小题 3 分,共 45 分)

1. 在等差数列 $\{a_n\}$ 中,$a_1=-4$,$a_5=8$,则公差 $d=$( ).

   A. -3 B. -2 C. 2   D. 3

2. 已知 $\boldsymbol{a}=(1,2)$,$\boldsymbol{b}=(-3,m)$,且 $\boldsymbol{a}\ //\ \boldsymbol{b}$,则 $m=$( ).

   A. $-\dfrac{1}{6}$ B. -6 C. $\dfrac{1}{6}$ D. 6

3. 在等比数列 $\{a_n\}$ 中,$a_2=3$,$a_4=6$,则 $a_6=$( ).

   A. 9   B. 12   C. 16   D. 36

4. 在等差数列 $\{a_n\}$ 中,$a_1=-3$,公差 $d=-2$,则它的前 10 项和为( ).

   A. -210 B. -120 C. 120   D. 210

5. 已知两点 $A(-2,4)$,$B(1,-1)$,则向量 $\overrightarrow{AB}=$( ).

   A. $(-3,5)$ B. $(-1,3)$ C. $(-2,-4)$ D. $(3,-5)$

6. 过点 $(2,-1)$ 且与直线 $2x-3y+5=0$ 垂直的直线方程是( ).

   A. $3x+2y-4=0$ B. $3x+2y+4=0$

   C. $3x-2y-4=0$ D. $2x-3y-4=0$

7. 若直线 $x-y+m=0$ 把圆 $x^2+y^2+4x-2y-14=0$ 平分,则 $m=$( ).

   A. -3 B. -1 C. 1   D. 3

8. 直线 l 经过两点 $P_1(-2,3)$,$P_2(4,6)$,则直线 l 的斜率 $k=$( ).

   A. -2 B. 2   C. $-\dfrac{1}{2}$ D. $\dfrac{1}{2}$

9. 圆 $(x-2)^2+(y+1)^2=4$ 的圆心坐标是( ).

   A. $(2,-1)$ B. $(-2,1)$ C. $(2,1)$ D. $(-2,-1)$

10.如果两条直线 a 和 b 没有公共点,那么 a 和 b( ).

A.平行 B.异面 C.共面 D.平行或异面

11.如果平面的一条斜线段的长度是它在这个平面内的射影的长度的 $\sqrt{3}$ 倍,那么斜线段与平面所成角的正弦值是( ).

A.$\dfrac{\sqrt{3}}{3}$ B.$\dfrac{\sqrt{6}}{3}$ C.$\dfrac{\sqrt{2}}{2}$ D.$\dfrac{\sqrt{6}}{2}$

12.空间四边形的两条对角线互相垂直,顺次连接这个四边形各边中点所得的四边形是( ).

A.矩形 B.正方形 C.菱形 D.等腰梯形

13.抛掷两颗均匀的骰子,出现的点数之和为 3 的概率是( ).

A.$\dfrac{1}{36}$ B.$\dfrac{1}{18}$ C.$\dfrac{1}{12}$ D.$\dfrac{1}{9}$

14.由 0、1、2、3 四个数字组成可重复的三位数,共有( )个.

A.24 B.9 C.48 D.64

15.已知圆锥的底面积是 9π,母线与底面所成的角为 $30°$,则圆锥的体积是( ).

A.$3\sqrt{3}\pi$ B.$6\sqrt{3}\pi$
C.$9\sqrt{3}\pi$ D.无法确定

二、填空题(本大题共 10 空,每空 3 分,共 30 分)

16.在等差数列 $\{a_n\}$ 中,若 $a_1=2$,公差 $d=-2$,则它的前 5 项和 $S_5=$ _____.

17.在等比数列 $\dfrac{1}{3},\dfrac{1}{9},\dfrac{1}{27},\cdots$ 中,公比 $q=$ _____.

18.若向量 $\boldsymbol{a}=(-2,3)$ 与 $\boldsymbol{b}=(3,m)$ 平行,则 $m=$ _____.

19.已知两点 $P(-3,1)$,$Q(-5,3)$,则直线 PQ 的倾斜角 $\alpha=$ _____.

20.斜率为 -4,在 y 轴上的截距为 -2 的直线的一般式方程是 _____.

21.若直线 $y=kx$ 与直线 $3x+4y-2=0$ 垂直,则 $k=$ _____.

22.在正方体 $ABCD-A_1B_1C_1D_1$ 中,直线 A_1C_1 与 B_1C 所成角为 _____.

23.掷 3 枚硬币,恰出现 1 个正面的概率为 _____.

24.从 $120°$ 的二面角内一点到二面角的两个半平面的垂线段的长都是 10,则两垂足间的距离是 _____.

25.若二面角的一个面内有一点,它到棱的距离等于到另一个面的距离的$\sqrt{2}$倍,则此二面角的度数是_____.

三、解答题(本大题共 5 小题,每题 9 分,共 45 分)

26.已知数列$\{a_n\}$为等比数列,且$a_1=2, a_2=16$.

求:(1)数列$\{a_n\}$的通项公式;

(2)数列$\{a_n\}$的前n项和S_n.

27.已知四个数分别是 1、2、3、4.

(1)从中任取 2 个数相加,求"和为 5"的概率;

(2)用这 4 个数字可以组成多少个既是偶数又是四位数(即四位偶数)的数?

28.在长方体$ABCD-A_1B_1C_1D_1$中,$AB=AD=8, AA_1=6$.

(1)证明B_1C∥平面A_1BD;

(2)求B_1到直线A_1B的距离.

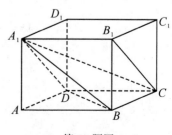

第 28 题图

29. 四边形 ABCD 是正方形,点 P 是平面 ABCD 外一点,$PA=PC$,$PB=PD$,且点 O 是 AC 与 BD 的交点.

(1)证明 $PO \perp$ 平面 AC;

(2)证明平面 $PAC \perp$ 平面 PBD.

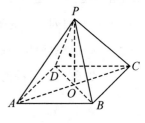

第29题图

30. 直线 $l_1: x+y-1=0$ 与 $l_2: 3x+2y-4=0$ 的交点为 M,圆 M(以点 M 为圆心的一个圆)的半径等于 5.

(1)求点 M 的坐标;

(2)判断直线 $l: 3x+4y+18=0$ 与圆 M 的位置关系.